●멋과 스피드, 護身과 건강을 위한

현대 펜싱 교본

현대레저연구회 편

太乙出版社

◀ 몬트리올 올림픽 에서의 사브르의 열전.

▶ 서로 떨어진 거리에서의 어텍크로 공격하는 모습.

▲ 몬트리올 올림픽에서의 사브르 단체결승전 직전의 선수소개. 소련(왼쪽) 대 이탈리아(오른쪽)

▶ 접근전에서 멋진 각도를 보인 두슈.

멋과 스피드, 호신(護身)과 건강을 위한

현대 펜싱교본

현대레저연구회편

太乙出版社

첫머리에*

멋과 스피드의 무술, 펜싱

동양의 무술을 검도(劍道)라고 한다면, 서양의 무술은 펜싱(Fencing)이라고 할 수 있다.

동양의 검도(劍道)가 정신적인 기(氣)를 중심으로 펼쳐지는 내공적인 무술임에 반해, 서양의 펜싱은 외적(外的)인 동작과 스피드를 중요한 과제로 삼는다.

검도와 마찬가지로 펜싱은 인류의 역사와 함께 발달되어온 호신(護身)의 무술이다.

최근 들어 스포츠로서의 '펜싱'에 대한 관심이 세계적으로 드높아지고 있는데, 이는 바로 '펜싱'이라는 운동을 통해서 신체의 유연함과 민첩성을 기를 수 있을 뿐만 아니라 심신의 건강을 보장한다고 하는 일거양득의 효과를 기대할 수 있기 때문이다.

특히 펜싱은 올림픽 종목으로서도 각광을 받고 있는 스포츠의 하나이다. 멋과 품위를 함께 지니면서 당당함과 날카로움, 그리고 넉넉함과 자신감을 아울러 자신의 심신적 체질로 양성화할 수 있다는데 펜싱의 매력은 뭇남성과 여성들을 사로잡는다.

우리 나라에도 앞으로는 각급 학교에 펜싱부가 설치되어 멋과 힘을 세계 속에 마음껏 자랑할 수 있으리라 믿는다.

이 책은 펜싱에 대해 관심을 가진 초보(初步)의 독자들을 위하여 만들어진 '펜싱 입문서(入門書)'라고 할 수 있다. 자세한 사진 설명으로 일관하였으므로 누구든지 쉽게 펜싱의 매력적인 즐거움을 향유할 수 있으리라 믿는다.

편자 씀

차 례*

*차 례

Introduction
소개

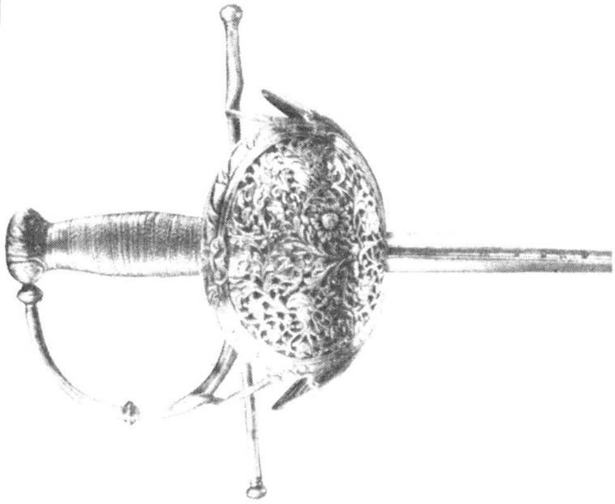

Fencing (Escrime)
펜싱의 유래

펜싱의 유래를 더듬어 보면, 인류의 역사 기원에까지 거슬러 올라가게 된다고 하는 설이 있다. 석기 시대의 선인은 막대기를 가지고 외적들로부터 몸을 보호했지만, 이 '보호'라고 하는 말은 영어로 '펜스' 라고 한다. 이 막대기는 드디어, 끝에 돌을 연결하여 붙인 것으로 발전하고, 수렵에 사용되었고, 더욱더 여러 가지로 개량되면서 부족간의 싸움에서 무기로 되어갔다. 이런 무기를 갖고 싸우는 것을 펜싱 행위라고 해석하고 있는 것이다.

청동기 시대부터 철기 시대에 이르러, 무기 제조법은 급격히 진보한다. 강철에 의한 제법이 개발되면서 검에 날이 달아지게 되었고, 칼끝을 날카롭게 갈 수 있도록 되었다. 동시에 이러한 검에서 몸을 보호하기 위하여 방패, 갑옷이 사용되어지게 되었다. 문헌에 의하면, 이미 12세기에는 검의 역사를 표기한 문장에 '에페' 라고 하는 단어가 사용

되어지고 있다.

역사에 화기가 등장하는 것에 의해 중량이 있는 방패, 갑옷이 모습을 감추게 되었다. 검도 점차로 검만으로의 방어의 기술이 여러 종류 고안되었다. 이것이 현대의 펜싱과 가장 관련이 깊고, 진검에 의한 공방의 시대 라고 말할 수 있다.

이 시대, 무술을 닦기 위한 연습도 진검으로 행해졌다. 연습시에는 위험 방지를 위해서 여러 종류의 합의가 되어져 있다. 즉, 공격되어진 검은 피하지 않으면 안된다 (빠라드 parade). 피한 다음의 되찌르기 (리뽀스트 riposte)를 다시 피하여 반격한다 (콘트르 리뽀스트contre riposte). —라고 말한 것 등이 있다. 이러한 일련의 약속에 따르며 행하는 검의 교환을 '검에 의한 회화(프라즈·달름 phrase D' armes)'라고 부른다. 통상의 회화에서도, 도중에서 끼어드는 것은 에티켓에 어긋나는 것과 마찬가지로 연습 때에는 프라즈·달름을 엄수해야 한다고 되어있다. 이들의 관습을 룰로써 시합에 적용한 것이 플뢰레이고, 이 정신은 현재의 펜싱에도 명확하게 전승되어지고 있다.

그렇다고는 하지만 아무리 프라즈·달름을 엄수해도 이 시대의 진검으로의 교환에서 상처나 실명 등의 사고는 피할 수 없었다. 이러한 상해를 조금이라도 줄이려 하여 고안해 낸 것이 연습용칼(플뢰레)과 마스크이다. 1750년의 일이다. 이 시대의 라이트(기사)는 교양을 몸에 익히기 위해서 학문 이외에 테니스, 음악, 마술(馬術), 그리고 가장 중요한 교과의 하나로써 펜싱을 습득하는 것이 의무화 되어 있었다. 플뢰레와 마스크의 등장은 이러한 라이트들에게 일대 획기적인 것으로 받아 들여졌다.

그러나 마스크를 착용하고 펜싱의 연습을 하는 것에 반대를 주장하면서, 의연하게 진검의 사용만을 고집하는 일파도 존재하고 있었던 것이다.

그러나 위험한 생각을 하지 않고 연습이 가능하고, 능숙해지는 데도 속도가 빠르다는 인식이 되어가면서 플뢰레와 마스크는 널리 보급되었고 후에 에페에서 독립한 종목으로써 인식되어지게 되었다. 단지 이 시대는 아직, 연습에 있어서 플뢰레를 사용하고, 실전(결투) 등에서는 에페를 사용하고 있었다.

에페의 결투는 자신의 명예를 보호하기 위하여 행하여졌다.

결투는 항상 제 3 자(심판원)가 서있는 가운데 행하여졌다.

인간의 몸은 전신 어디를 상처내어도 피가 흐른다. 즉, 현대의 에페의 룰인 루쯔가 여기에서 나타난다.

단지 결투에서는 찰라에 의해 쌍방이 서로 찔려 사망하는 실제의 사건도 있었다. 이것을 전승하고 있는 것이 현재의 에페의 규칙에 있는 '양패' 제도이고 이런 시스템은 우선 다른 스포츠에서는 그 예를 볼 수 없는 것이다.

사브르는 아라비아 반월도(3일월검)를 항가리의 기마병이 곧 개량하여, 군도로써 이용했던 것이 시작이라고 한다. 이것은 전세계로 퍼져서 일본에도 군도 또는 순사의 사브르로써 사용되어지고 있다.

그러나 최초에는 헝가리 기마병이 말위에서의 전투에 사용했었기 때문에 상반신만을 공격했다. 이 관습이 현대에도 전승되어 유효면은 허리에서 위로 정해져 있는 것이다.

또, 아라비아 검 중에서 봉우리 부분의 끝의 3분의 1이 날로 되어 있는 것이 있어서, 헝가리의 기병대도 그것을 사용, 이것이 현대의 사브르의 날안인 루쯔가 되었다.

후에 사브르가 스포츠로써 행해지게 되었을 때 플뢰레의 관습을 크게 받아들였다.

Arme
무기

● 검의 각 부분의 명칭

①검선(劍先) : (포인트 point)

②검신(劍身) : (블레드 Blade)

③검선(劍先)에서 3분의 1 부분 (㉵ Faible)

④검(劍)의 중간 3분의 1 부분 (㉵ Moyen)

⑤검(劍)의 가아드에 가까운 3분의 1 부분 (㉵ Fort)

⑥날밑 (㉺ Guard 가아드)

⑦쿠션 (가아드의 안쪽에서 손을 보호하는 것. ㉵ Coussin)

⑧ 손잡이의 몸집 (㉵ Fusée 또는 poignée ㉺ Grip)

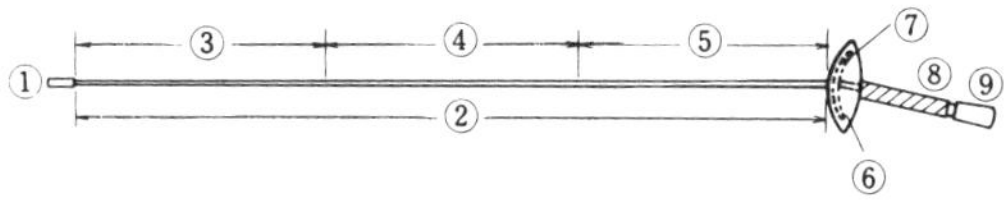

⑨칼자루 끝 (영 pommel)
이상의 명칭은 에페, 사브르의 검에 있어서도 형상은 다르지만 같다.

● 플뢰레의 검

플뢰레의 검은 전 무게 500g 이하, 전체 길이 110센치 이하, 검신의 최대 길이는 90 센치 내외, 가아드는 직경 12 센치 이내로 규정되어 있다. 전기 플뢰레의 경우는 보턴 아래에서 15 센치 이상 전력을 차단하는 테이프를 감는다.

〈손잡이 몸집의 종류〉

①프랜치 (French)

가장 기본적인 손잡이로 초심자는 이 손잡이로 시작한다. 왜냐하면 검의 조작을 습득하는데 적합한 것이기 때문이다. 이 손잡이로 검을 잡았을 때의 손가락에 의한 검의 조작이나 테크닉을 연습하고, 익숙해지면(최저 1년 간) 다음의 단계로써 다른 손잡이를 바꾸어 사용한다.

그러나 그대로 프랜치 손잡이로 계속 사용해도 지장없다. 다른 손잡이로 드는 경우에도 때때로 프랜치를 갖고 연습하여, 손가락의 조작하는 감각을 날카롭게 해둘 필요가 있다.

②벨기안(Belgian)

현재 세계적으로는 프랜치보다도 많이 쓰여지고 있는 손잡이. 프랜치로 손가락 사용을 습득한 사람이 이것을 사용하게 되면, 검의 조작에 한층 강력함이 더해진다.

전기 플뢰레의 시대에 이르러 급속히 사용자가 늘고 있다.

③비스콘티(Viscont)

벨기안과 거의 비슷한 움직임을 하는데 다소 손바닥에 밀착하는 경향이 있다. 그러나 세계적으로 봐서 사용자는 적지 않다.

④스페니쉬(spanish)

프랜치와 벨기안의 양쪽의 장점을 받아들여 만들어진 손잡이. 그러나 중량이 무겁고, 손가락이 고정되며 손잡이가 길기 때문에 조작하기 어려운 난점이 있다. 그 때문에 현재에서는 그다지 사용되지 않고 있다.

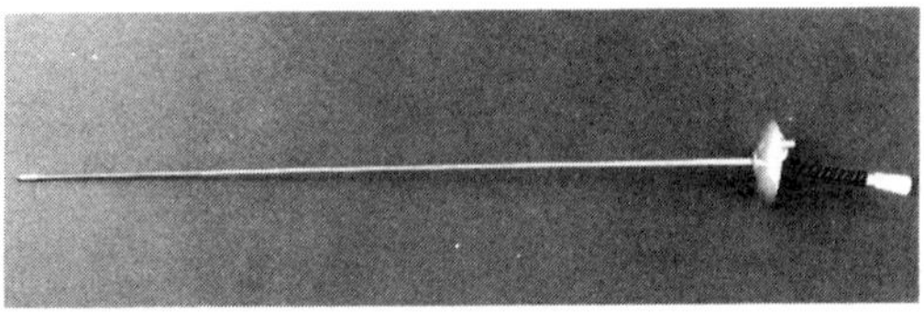

플뢰레의 검

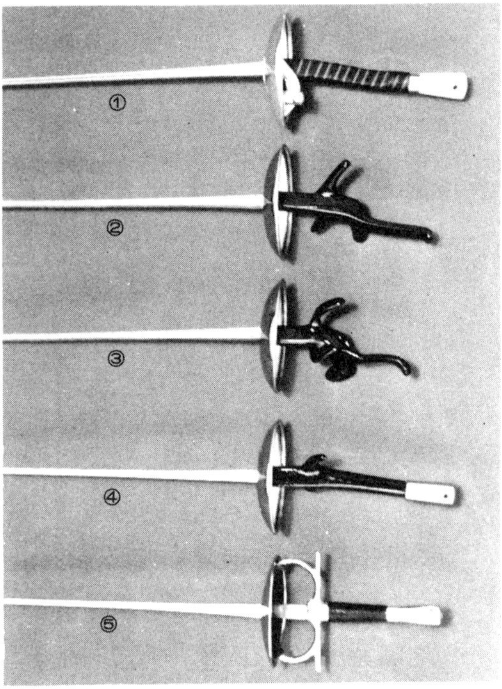

자루의 종류

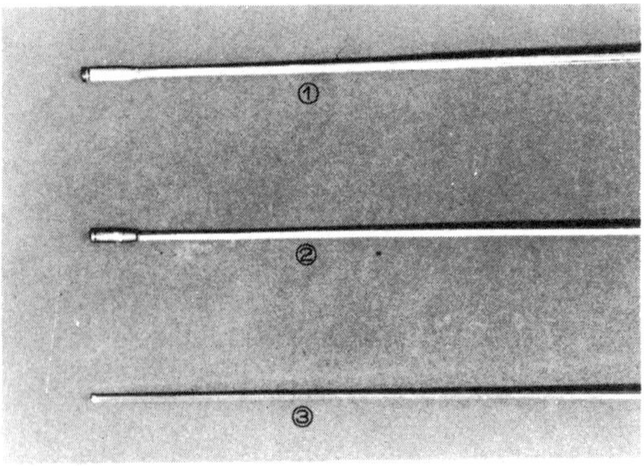

검의 종류

⑤이탈리안

가장 힘이 가해지는 손잡이로써 한때는 프랜치와 나란히 세계를 휩쓸었던 일이 있다. 그러나 전기 플뢰레의 등장에 의해 중량이 늘고 손가락의 부담이 커져서 그다지 사용되고 있지 않다.

〈검의 종류〉

① 일레트리크· 브레드(전기용검신)

초기의 것은 무겁고 단단한 에페의 검신에 가까운 것으로 플뢰레 펜싱에 그다지 적당하지 않았다. 그뒤, 점차로 개량되어 검신도 검끝도 가볍고 부드럽게 되어 현재의 형에 이르게 되었다. 이런 형이 된 다음, 후에 서술할 스탕달·브레드로 행해지고 있는 플뢰레의 기술이 첨가되어 전기 독특의 기술도 공부연구, 고안되어 비약적인 발달을 보였던 것이다.

이 때문에 플뢰레는 현재 세계적으로도 상당히 인기 종목으로 되게 된 것이다.

②트레닝·브레드 (연습용 검신)

전기검이 고가였기 때문에, 연습용으로 고안되어진 것이다. 전기용 검신에 코드를 위장하기 위하여 쓰는 구(溝)를 넣지 않고, 전기용 포인트와 똑같은 중량의 연습용 포인트를 붙인 것이다.

③스탕달·브레드 (보통의 검신)

고안되어진 당시부터 거의 형태를 변화시키지 않고 현대에 이르르고 있고 가장 널리 사용되어지고 있다. 전에 서술한 2종류 검에 비해 중량이 가볍고 조작이 용이하다.

《사용에 있어서》

초심자는 ③의 스탕달·브레드(보통의 검신)에서 시작한다. 가벼운 검신으로 한 번 대충 기술을 연습하고, 그 후에 중량에 익숙해지기 위해 ②의 트레닝·브레드로 검신을 바꾼다. 시합 및 시합 형식에서는 물론 ①의 일렉트리크·브레브를 사용한다. 또 기술 수준에 달한 후에도 스피드 감각을 키울 때나, 섬세한 기술을 연마할 때는 스탕달·브레드를 사용한다. 이렇게 하면 효과가 있을 것이다.

● 사브르의 검

〈각명칭〉

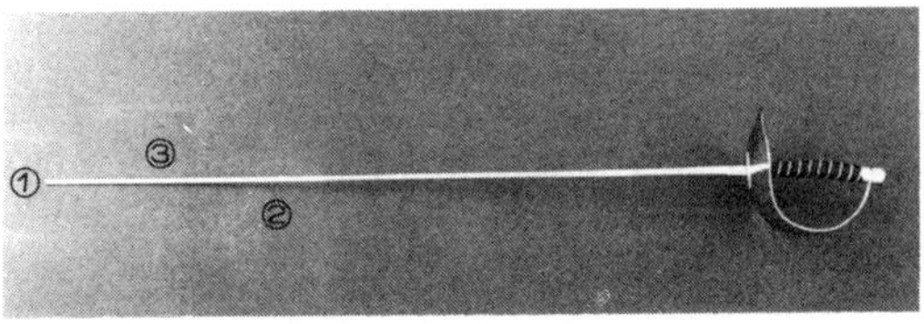

● 사브르의 검

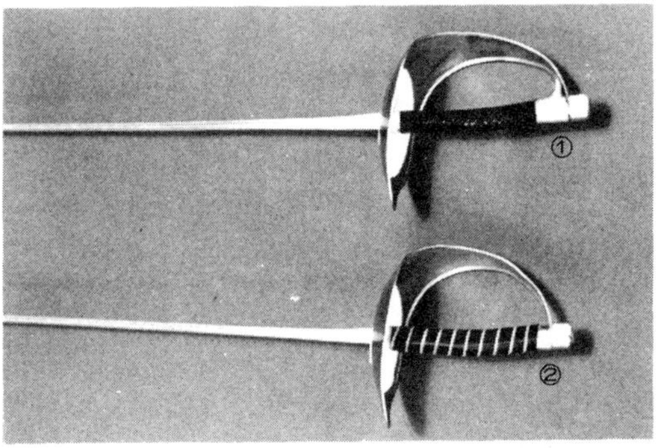

● 손잡이

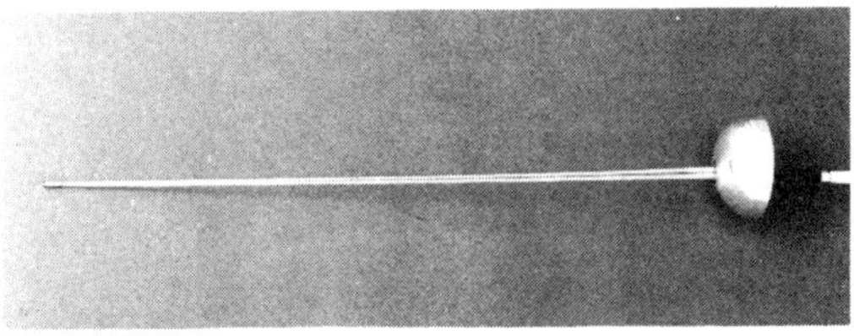

● 에페의 검

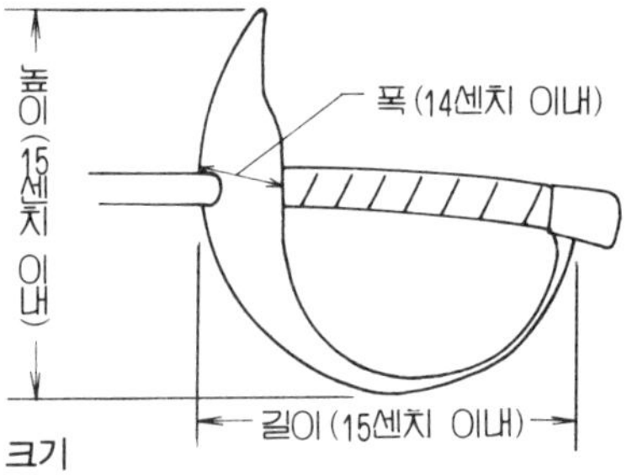

크기

①검선 (point 포인트)

②칼날 (Tranchant)

③칼날 안 (Contre Tranchant)

〈사이즈〉

검의 전체 길이 105센치, 중량 500g 이하, 검신의 최대 길이 88 센치로 정해져 있다.

〈손잡이〉

①손가락 멈추기가 붙어 있는 것은, 필드의 후단을 잡고 리치를 이용하려고 하는 선수가 즐겨 사용한다. 손가락 멈추기가 붙어있기 때문에, 이 잡는 방법을 해도 손잡이를 손상시키지 않는다는 데에 그 특징이 있다.

②프랜치

필드의 어느 부분이라도 잡을 수가 있으며, 가장 넓게 사용되어지고 있다.

● 에페의 검

각 명칭은 플뢰레와 동일하다.

〈사이즈〉

770센치 이하, 가아드는 직경 13.5센치, 깊이 5.5센치~3센치로 규정되어 있다. 검신의 절단면은 능형(稜形)을 이루고 있다.

Piste
삐스트

시합에서 사용하는 전면을 삐스트 라고 한다. 그것은 다음과 같은 각칭에 의해 구분된다.

● 각 명칭을 설명하면

A : Table Pour Appareil =심판기 대(台)

B : Centre Cigne Médiane =중심. 중앙선

G : Lignes De Mise En Garde =준비에 들어가는 선

R : Recul (Prolongement) =후퇴를 위한 예비지대. 연장부분.

AVT E·S : Lignes D'avertissement Epée Sabre =에페, 사브르의 경고선

AVT F : Lignes D'avertissement Fleuret =플뢰레의 경고선

ARR F·E·S : Limite Arrière Fleuret Epée Sabre = 플뢰레, 에페, 사브르의 후방 한계선. 이상 삐스트의 전장(ARR 에서 ARR 까

플뢰레

사브르

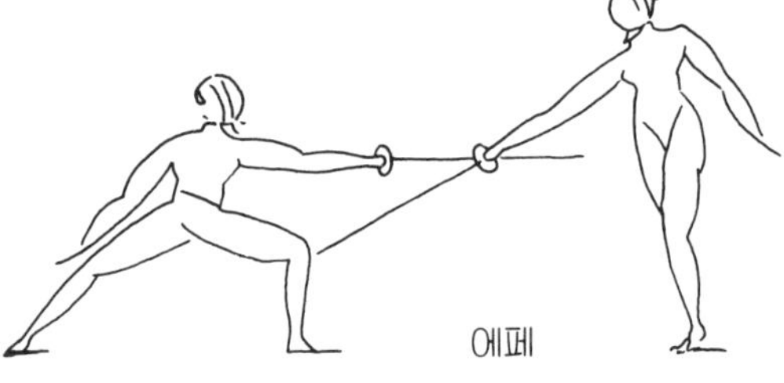

에페

지) 이 14미터. 예비 지대를 포함하면 약 18미터가 된다.

시합을 행하는 부분은 플뢰레는 14미터이고, AVT F에 뒷발이 걸리면 '뒤 1미터 라고 경고받는다. 에페, 사브르는 18미터이다. 14미터의 삐스트를 18미터로 사용하기 위하여 에페, 사브르에서는 ARR을 양발로 넘은 뒤, AVT E·S로 되돌아와서 '뒤 2미터'라고 경고받는다. F·E·S 모두 ARR을 경고 후에 넘으면 유누 투슈를 과해 받게 된다. 3종목 모두 2미터를 되돌아올 때마다 새로운 경고를 받는다. 에페, 사브르에서는 AVT E·S에 뒷발이 걸렸을 때 경고받는다.

플뢰레와 에페, 사브르에서는 AVT의 위치가 달라 모순이 있지만, 2미터를 되돌아온다 라고 하는 것은 실제상 G선에 앞발이 걸리는 것으로 처리되고 있다.

횡선을 양발로 넘으면, 플뢰레에서는 1미터, 에페, 사브르에서는 2미터 상대가 전진하고, 넘은 선수는 그만큼 후퇴하여 자세를 취한다.

● 유효면(Surface Valable)

유효면이란 투슈 (Touche＝찌르기 또는 자르기)에 의해 유효타가 되는 부분을 말한다. 무효면에 넣은 투슈는 유효타가 되지 않는데, 시

합을 멈추고 그 뒤의 모든 투슈를 무효로 하는 룰이 있다.

● 시합 시간과 횟수

통상 남·녀 플뢰레, 에페, 사브르는 6분간, 5회 승부이다. 즉 어느 쪽인가가 5회 선취하면 시합은 종료된다. 플뢰레·사브르에서는 6분간 경과하여 어느 쪽도 5회 투슈를 하지 않은 경우는 그 시점에서 리드하고 있는 선수의 승리로 한다.

만일 동수라면 시간에 관계없이 1회 승부로 승패를 결정한다.

에페에 있어서 상기의 경우, 즉 시간 자르기에서 동점의 경우는 양쪽 선수의 패가 된다. (「에페」의 항 참조) 또 시합에 있어서는 예를 들면 엘리미네이션·디렉트(Elimination Directe = 토너맨트)에서는 12분간, 10회 승부로 행해지는 일이 있다. 이 경우는 확실한 시간 및 투슈의 횟수가 명시된다. 마지막으로 근대 5종 경기(승마, 펜싱, 사격, 육상, 수영)에 있어서 에페의 시행은 3분간 1회 승부이다.

Fleuret 1
플뢰레

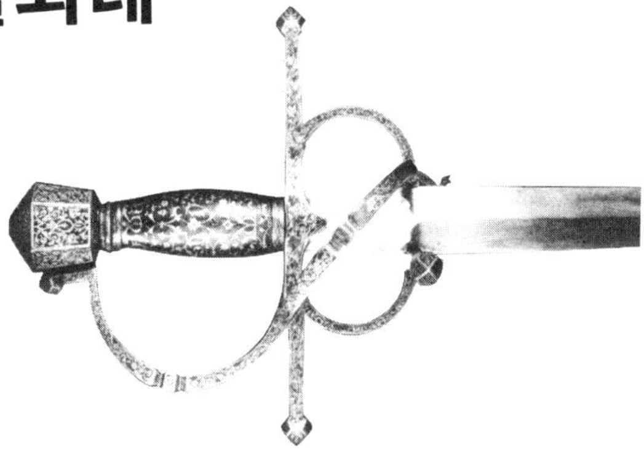

Fleuret
플뢰레란

진검의 연습용으로써 개발되어진 종류인데, 3종목 중에서는 가장 빨리 스포츠화 되어있다. 1800년 대에 들어서, 프라즈·달름이 룰로써 명문화하였고, 이것이 그 후에 유럽 각국으로 퍼져나가 개량되었다.

1914년 프랑스 펜싱 연맹이 중심이 되어, 개개의 룰을 집대성한 FIE(국제 펜싱 연맹) 룰을 확립했다. 이것이 지금의 플뢰레· 펜싱의 중심 핵이 되고 있다.

1876년의 제1회 근대 올림픽 (아테네)에는 일찌기 펜싱이 정식 종목으로 채용되어 있었고 그것이 현대에 이르기까지 올림픽의 레귤러 종목이 되었나. 최초의 올림픽·챔피온은 쿠라베로트(프랑스) 라고 하며 이때의 기록이 펜싱의 공개 기록의 최고의 것이다.

FIE 룰로 행해졌던 최초의 올림픽은 앤트워프 대회(1920년)로, 개인 우승은 이탈리아의 나디, 단체도 이탈리아였다.

전기 플뢰레의 등장에 동반하여 메달 쟈켓을 사용.

이상에서 알 수 있듯이 스포츠·펜싱으로서의 펜싱 발생시에는 프랑스와 이탈리아가 2대 강국이었다. 1950년 경까지 그 픽크였고 그 시대가 계속되다가 그 후 헝가리, 독일, 소련 등이 대두되어 왔다.

전기 플뢰레의 등장은 1955년의 세계 선수권(로마)부터이고 이때의 우승자 그리치아(헝가리)는 전기검의 세계 챔피온 제1호로써 영원히 역사에 남게 되었다. 그 이후 세계적으로 전기의 시대를 맞아 현재에 이르고 있는 것이다.

● 역사에 남는 유명 선수들

세계의 플뢰레·펜싱에서 최초로 군림한 것은 이탈리아의 나디(Nadi, U)이다. 1912년의 스톡홀름 오륜, 1920년의 오륜에서도 승리함으로써 년연패 하였다. 이 사이 8년간 무적이라고 불리웠다. 나디의 뒤를 이은 것은 같은 이탈리아의 가우디니(Gaudini)로, 올림픽 2회(1928년 암스트롱, 1936년 베를린), 세계 선수권 2회 (1930년, 1934년)를 제패하였다.

근년에는 18세의 세계 챔피온(1947년 리스본)이 되어 '기적의 우승'이라고 경탄한 프랑스의 크리스찬 도리올라(Christian D'oriola)가 있다. 검 천재의 이름에 부끄럽지 않게 올림픽 2회(1952년 헬싱키, 1956년 멜보른), 세계 선수권 4회 (1947년, 1949년, 1953년, 1954년) 우승. 보통검과 전기검의 양 시대에 걸쳐 세계를 제패했던 단 하나의 펜싱가였다. 1950년 이후, 소련의 대두는 주목할 만한 것이었는데 올림픽에서 최초로 금메달을 딴 것은 쥬다노비치(Jdanovitch)이다. 1960년 로마 대회에서의 일로 '소련 시대의 개막'이라고 불리워졌다. 이 사람은 현재 명 심판이라고 불리우며 국제 대회에서 활약하고 있다. 소련에서는 계속하여 슈베슈니코프(Sveschnikov)가 나왔다. 우선 1962년의 세계 선수권(부에노스아이레스)에서 우승, 자신의 나라에서 열린 1966년 모스크바 세계 선수권에서는 빨리무를 많이 사용하여 우승, 세계적으로 빨리무를 대 유행시키는 발단이 되었다. 또 이것이 계기가 되어 매장되어 있던 다른 크래식·테크닉이 활용되어지는 결과가 된 것이다.

한편 프랑스에서는 도리올라 2세라고 불리워지는 쟌·클로드·마니앙(Jean Cloud Magnon)이 나왔다. 프랜치·펜싱의 정통파로 최후의 천재라고 불리웠다. 세계 선수권은 1963년 쿠다니스크, 1965년 파리에

73년 아시아 대회
에서의 결승전

서 우승, 1964년 동경 올림픽에도 출전하였고(은메달), 그 화려한 검 솜씨를 보여줬기 때문에 이 기억을 하는 사람도 많을 것이다. 서독의 웨셀(Wessel)은 세계 우수권 2연승(1969년 하바나, 1970년 암카라) 쿠베르하면서 공격하는 독자의 전법으로 한 시대를 구축했다. 계속해서 했다면 좀더 우승했을 재목이었다고 보여지는데, 학문의 길에 정진하기 위해 어려서 은퇴했다고 한다.

1971년 윈 세계 선수권에서 우승했던 스탕코비치(Stankovich)는 쥬다노비치·슈베슈니코프의 흐름을 이은 소련식 펜싱의 전형적인 펜싱가였다. 소련에서 열린 모스크바 유니버시아드에서도 우승했다.

폴란드의 보이다(Woyda)도 잊혀지지 않는 명 선수의 한 사람. 17세에 리노· 유니버시아드에서 데뷔, 뮌헨 올림픽에서는 압도적인 솜씨로 우승했다. 이것은 170센티와 상체의 불리한 핸디캡을 다리의 힘으로 보완한 것의 결과였다. 아무리 작은 찬스라도 소홀히 하여 놓치지 말고 과감히 공격해가는 적극적 펜싱은 우리들도 크게 참고해야 할 것이다.

Première Action
처음의 동작

● 검 잡는 방법 〈마음가짐〉

고래로부터 '검은 작은 새를 잡듯이 쥐어라'라고 되어 있다. 너무 가볍게 살살 작은 새를 잡으면 새는 날아가 버린다. 그렇다고 해서 극단으로 강하게 잡으면 작은 새는 죽어버린다. 즉 검은 죽어 버리게 되는 것이다.

검의 잡는 방법은 모든 펜싱 기술의 출발점이다. 그 기술에 의해 진보 정도에 차이가 나게 되고, 검을 통해 상대의 움직임 등을 아는 감각(센티몬·튜·펠=후술하겠음)에도 영향을 가져온다. 바른 검의 잡는 방법, 취급 방법은 우선 프랜치·펜싱으로 연습하도록 하는 것이 바람직하다. 앞으로 전진함에 따라 선수의 개성에 맞는 다른 손잡이로 변경하거나, 또는 프랜치로 그대로 하거나, 모두 병행하거나 해야 할 것이다. 벨기안 (그것에 유사한 손잡이)을 상용하고 있는 세계의 일류 선수는, 시합의 1개월 정도 전까지는 때때로 프랜치·글립을 사용하여 레슨을 받고, 검의 쥐는 법을 교정하거나, 검의 감각을 더욱 갈아 날카롭게 하는 것이 현재의 상황이다.

〈쥐는 법〉

프랜치—인지의 손가락 제 1 관절과 엄지의 안쪽으로 필드의 가장 안쪽을 잡도록 하고, 필드의 후단부를 손바닥 움푹 패인 곳에 댄다. 남은

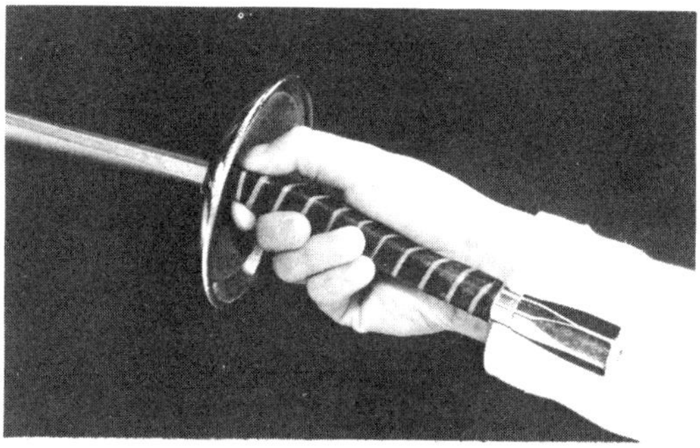

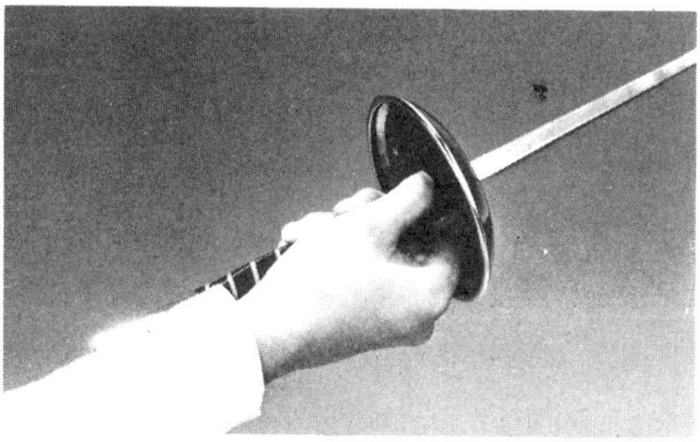

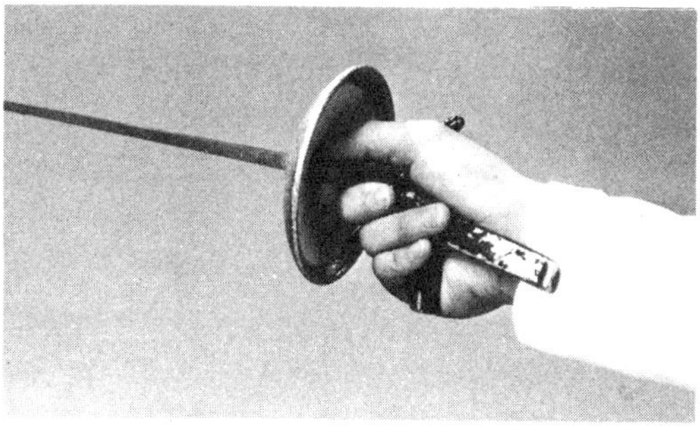

上 : 프랜치 · 글립
(손바닥 쪽에서)
中 : 플랜치 · 글립
(상단에서)
下 : 벨기안 · 글립

3개의 손가락은 필드의 옆에 가볍게 붙인다. 이 경우, 폰멜은 손목의 중심에 가볍게 댄다. 인지의 손가락 제1관절의 옆을 필드의 오른쪽 아래의 각에 대고 엄지는 똑바로 세우지 말고 완전히 누이지도 않는 것이 기본.

벨기안—인지와 엄지 손가락은 프랜치를 잡는 방법과 같다. 남은 3개의 손가락은 그 벨기안·글립의 형에 따라 사이드에 붙여간다.

검의 조작에 있어서는 플랜치·글립과 거의 비슷하지만 필드의 형에서 오는 특성으로써 인지 손가락과 엄지의 움직임이 다소 제한을 받는다. 그러나 그 만큼 검에 강력함이 더해지기 때문에 전기 플뢰레를 조작하는 경우에 있어서 적절한 글립이라고 말할 수 있다.

〈조작〉

어느 글립이라도 포안의 이동은 주로 엄지 손가락과 인지 손가락으로 행하고 남은 3개의 손가락이 보조적 역활을 행한다. 3개의 손가락에 힘을 잔뜩 넣게 되면 손목, 팔꿈치까지 함께 움직여버려 동작이 커지게 되어버린다. 중지, 약지, 새끼 손가락의 3개는 보통은 가볍게 붙이고 인지 손가락과 엄지의 움직임을 방해하지 않도록 하는데, 상대의 검에 대한 공격 때나 방어, 투슈의 최종 때에는 적의 강약을 노리면서 잡도록 한다(자세한 것은 각 동작의 항에서 서술한다.)

● **Salut 사류　　Saluez 사류에**

검으로 행하는 인사이다.

펜싱은 기사도 정신을 중히 여기는 스포츠. 연습 시합의 전, 후에는

라상브르망

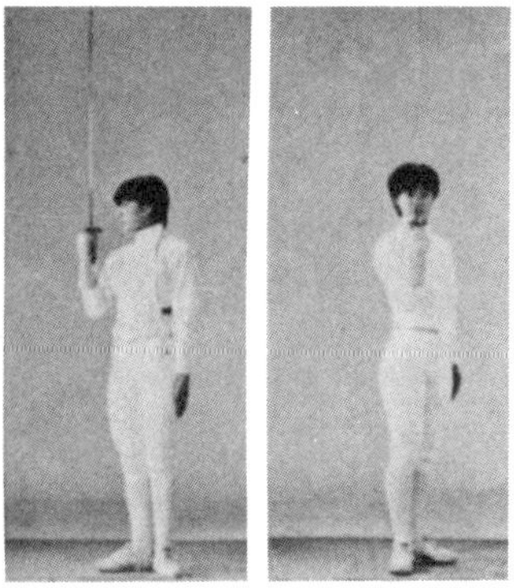

사류

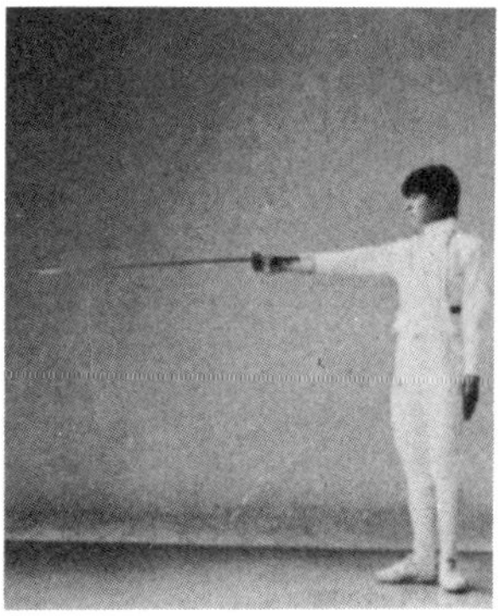

르·브라·아론지망

반드시 바른 동작으로 인사한다. 일찌기 십자군이 십자검 안쪽의 십자에 입맞춤을 하고, 가족이나 친구의 손에 키스를 하여 날리는 인사를 하고 출군했던 것에서 유래되어진 것이다.

〈방법〉

①Rassenblement 라상브르망

명령형은 라셈블레(Rassemblez)로 앞발의 끝은 상대에게 향하고, 뒷발은 뒷꿈치를 앞발의 뒷꿈치에 붙여 정면을 향한다. 등줄기를 똑바로 펴고 서며, 얼굴은 똑바로 상대를 향한다. 검을 든 손은 어깨에서 검끝을 똑바로 45도 아래로 내린다. 이 경우 검 끝은 발끝과 동일선상에 둔다. 왼손은 자연스러운 형으로 펴서 몸쪽에 붙인다.

②사류

검을 잡은 손은 손바닥을 안쪽으로 하고, 가아드를 입 근처에 가깝게 붙이고 검은 수직으로 세운다.

③르·브라·아론지망 Le Bras Allongement 명령형은 아론제·르·브라(Allongez Le Bras)로 ②에서 검끝을 똑바로 상대를 향한다. 이 경우 손바닥은 위를 향해 있도록 한다.

사류는 통상 라상브르망에서 2템포로 행한다. 눈은 손에서 떼지 않도록 해야 할 것. 최근은 시합 종료 후의 사류에서 왼손으로 악수하는 것이 일반적이다.

● 가르드 Garde 앙·가르드 En Garde

아소(Assaut=시합)를 할 무렵의 기본적 자세이다.

준비로 들어가는 방법 (미즈·앙·가르드 Mise en Garde)은 라상브르망, 사류에 이어, 기본으로서는 앞발을 내디디며 준비한다. 앞발은 뒷발의 연장선상(그림의 펜싱·라인 참조)에, 한발 길이에서 한발 반의 간격을 잡고 둔다. 앞발의 발끝은 정면으로 향하고, 뒷발의 발끝은 직각으로 향한다.

양 무릎은 함께 발끝의 방향으로 향하고, 사진과 같이 무릎에 힘이 들어가지 않도록 하면서 꺾어 구부린다. 그때의 중심은 양 무릎에 균등하게 걸리도록 신경을 쓴다. 등줄기는 똑바로 펴고 얼굴은 사류 때와 마찬가지로 정면으로 향한다.

다음에 검을 쥔 팔을 사진과 같이 준비하는데 이때의 팔꿈치는 겨

①

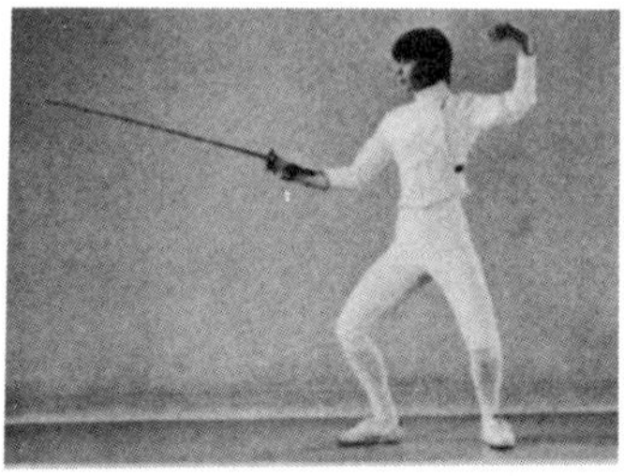

②

③

④

①기본적 자세, 공격, 방어에 가장 밸런스가 잡힌 준비. 초심자는 이 가르드에서 출발하는 것이 바람직하다.

② 검끝이 허리의 높이. 상대와의거리가 겨우 떨어져 있을 때에 사용한다.

③ 검끝이 거의 수평. ②보다 더 공격적인 준비.

④ 검끝을 무릎 가깝게 또는 아래까지 내린다. 방어가 어려운 겨드랑이,배를 커버하고 동시에 릴렉스한 상태를 유지하기 쉽다. 공격 태세에 들어가기쉽다.

드랑이에 작은 주먹이 하나 들어갈 정도의 간격을 유지하고 겨드랑이를 느긋하게 한다. 손바닥은 반외전(半外転 하프 · 서피네이션 Half Supination)으로 유지하면서, 팔꿈치에서 검신에 걸쳐서는 일직선이 되도록 한다.

〈주의점〉

여기에서는 초심자가 범하기 쉬운 실수를 지적해 둔다.

◇발끝

앞발의 끝은 항상 정면을 향해 있을 것. 동작이 연속되면 반드시 라고 해도 좋을 정도로 안쪽으로 향하게 되어 버린다.

◇무릎

양 무릎은 끊임없이 발끝의 방향으로 향하도록 둘 것. 특히 앞발의 무릎은 발끝보다도 안쪽으로 들어가서는 안된다.

◇허리

허리의 왼쪽은 안쪽으로 들어가기 쉽다. 그러나 이렇게 해서는 뒷발의 무릎도 안쪽을 향하게 되어 공격시의 뻗음과 스피드가 적어질 위험이 있다.

◇검을 잡은 팔

어깨, 팔꿈치, 손의 일직선상을 무너뜨리지 않도록 한다. 특히 팔꿈치는 밖으로 휘기 쉬운데, 이렇게 되면 손이 하프 · 서피네이션을 유지하기 어렵게 되고 검의 조작도 치우침이 생기게 된다.

◇뒷팔

팔꿈치가 어깨의 위치보다 떨어지지 않도록 할 것. 그리고 부자연스럽게 힘을 넣지 않은 정도로 뒤로 끌어 당긴다. 손은 손가락에 힘이 들어가거나 옆으로 향하거나 하지 않도록 한다.

◇얼굴

항상 정면으로 향하도록 할 것. 비스듬하게 향하면 시야가 좁아지고 공격, 방어 양면으로 지장을 가져온다.

◇검끝

검끝은 밖으로 향하게 하거나 손목이 구부러질 정도로 극단으로 안쪽으로 해서는 안된다.

● 듀 · 사펠 Deux · Appel

듀·사펠에는 두가지의 용도가 있다. 하나는 시합 중 쁘레지당에 시합의 중단을 요구하는 어필로써, 앞발로 2회 바닥을 친다. (이 경우,

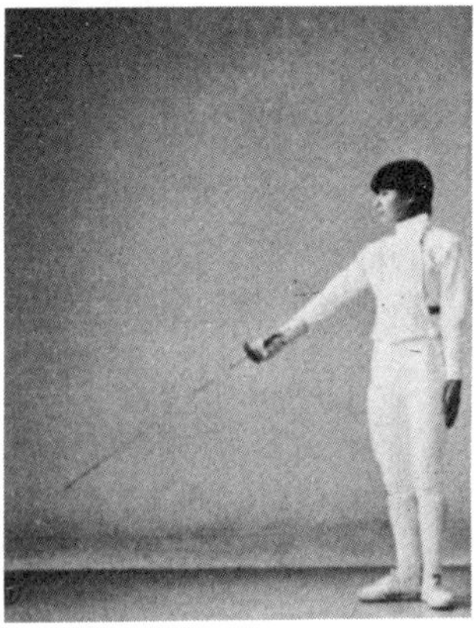

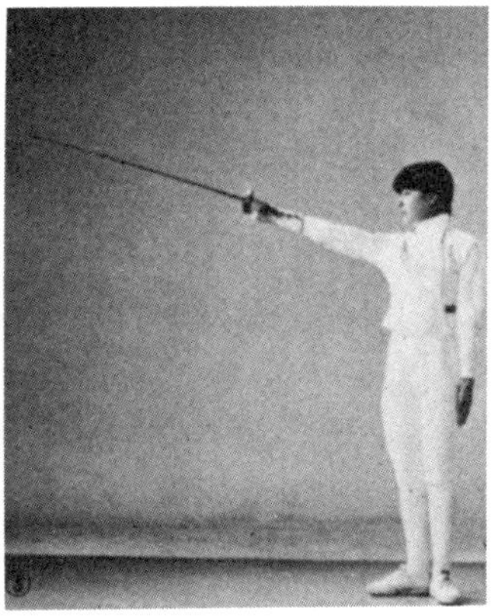

동시에 뒷손을 높게 든다.)
또 한 번은 연습의 작은 휴식 또는 종료시에 사용하는 것으로 사류를 계속시킨다.

①발끝으로 바닥을 친다.
②발바닥으로 바닥을 친다.
③앞발을 끌어 당기고, 검을 윗쪽으로 향하여 라상브르망을 한다.
④검을 비스듬히 아래로 똑바로 내린다(사류의 ① 라상브르망과 같은 상태가 되도록 한다).

이상의 동작을 5포인트로 리드미컬하게 행한다.

Déplacements
각종의 후트웍

● 마르슈 Marche 마르쇄 Marchez

앞으로 나가는 가장 기본적인 동작이다. 준비의 자세에서 (①), 앞발을 앞으로(약 1발 길이) 이동시키고, 뒤꿈치에서부터 착지한다(②). 발끝의 착지와 동시에, 같은 거리만큼 뒷발을 끌어 당겨 붙인다 (③).

이 동작중 허리를 상, 하로 움직여서는 안된다. 중심은 항상 스탠스의 중심에 둔다(허리의 이동이 발의 움직임에 늦지 않도록 할 것).

앞으로 나올 경우는, 1보로 크게 거리를 두지 않도록 주의하고 오히려 작은 걸음으로 2보 전진하는 편이 좋다

● 롬프르 Rompre 롬페 Rompez

뒤로 내리는 가장 기본적인 동작이다. 준비의 자세에서 (①), 뒷발을 뒷쪽으로 (한발 길이~한발 반) 이동시키고 (②A), 발끝을 착지시킨다 (원내). 뒷발의 뒤꿈치가 착지하는 것과 동시에 같은 거리만큼 앞발을 끌어 당겨 붙인다(③). 일보 크게 내릴 필요가 있을 경우는, 앞발차기와 동시에 뒷발의 무릎을 충분히 펴고, 발끝을 멀리 착지시킨다 (②B).

허리의 상, 하 움직임 중심의 이동은 마르슈와 마찬가지이다. 마르슈와 달리 후퇴의 경우는 보통의 보폭으로 일보 크게 내리는 방법도

기억해 두는 것이 좋다. 전진 후퇴를 반복하여 천천히 움직이는 때는 양발의 뒤꿈치를 착지시키는데, 연속적으로 빨리 움직이는 경우는 뒤꿈치를 띄워 발끝으로 행한다.

● 봉 · 나방 Bond En Avant

봉 · 나레르 Bond En Arrière

쟝프에 의한 전진, 후퇴의 동작이다.

앞발을 내디딘 (①~③) 직후, 뒷발로 바닥을 차고 가볍게 앞쪽으로 난다 (④, ⑤). 이 경우, 앞발의 발끝부터 착지하고 뒷발의 발끝이 그 다음이다. 중심은 다소 앞발에 둔다 (이상 봉 · 나방). 계속해서 봉 · 나레르에 들어간다. 뒷발을 디딘 직후, 앞발로 바닥을 타고 (⑥), 가볍게 뒤쪽으로 날아, 발끝부터 착지시킨다(⑦, ⑧). 중심은

1

마르슈

2

3

앞발 때보다도 가볍게 뒷발에 둔다.

이 동작을 연속적으로 행한다 (①~⑩). 이 동작은 공격의 리듬을 타기 쉬운 것과 상대의 공격 목표에 대상이 잘 되지 않는 이점이 있기에, 다른 스텝에 섞어 적절하게 사용하면 좋다. 단지 주의해야 할 것은 천천히 행할 때는 반드시 양발을 함께 뒤꿈치에 착지시킨다. 연속적으로 빨리 행하는 경우는 뒤꿈치를 착지시키지 않는다. 어느 경우라도 무릎 관절의 탄력성을 유지하면서 행해야 한다.

● 빠스 · 아방 Passe—Avant 빠스 · 아레르 Passe-Arrière

발을 교차시켜 전진, 후퇴하는 동작이다. 빠스 · 아방은 뒷발을 앞발 앞으로 이동시키고(②), 발끝부터 착지시키며 뒤꿈치를 바닥에 붙이는 동시에 앞발을 같은 거리만큼 내디디고, 본래의 자세로 되돌아 간다 (③).

빠스 · 아레르는 앞발을 뒷발의 뒤쪽으로 이동시키고(④), 발끝에서부터 착지시키고, 뒤꿈치를 바닥에 붙이는 동시에 뒷발을 같은 거리만큼 내린다(⑤).

이 동작은 한 동작으로 2보 만큼의 거리를 얻기 때문에, 빠스 · 아방으로는 상대와의 거리를 단숨에 좁히고 빠스 · 아레르로는 상대로부터 재빨리 멀어질 수가 있다. 빠스 · 아방의 발의 교차시에는 공격하기 어렵고, 빠스 · 아레르의 교차시에는 벨런스가 무너지기 때문에, 방어 체세(体勢)를 취하기 어려운 난점이 있다. 너무 많이 이용하지 않도록 주의가 필요하다.

● 르 · 브라 · 아론지망 Le Bras Allongement
아론제 · 르 · 브라 Allongez Le Bras

● 팡트 Fente 팡데 · 브—Fendez—Vous

르 · 브라 · 아론지망은 공격의 준비로써 검을 쥔 팔을 펴는 것. 팡트는 앞발을 내디디고 행하는 찌르기의 최종 동작이다.

이 방법은 검끝에 끌어 당겨지듯이 팔을 펴고(①~③), 팔을 수평으로 유지한다. 가아드의 상부가 어깨와 거의 비슷한 높이가 되게 하고, 검끝은 가아드의 하부와 안쪽의 연장선상에 둔다 (③A, B).

팡트는 발끝을 올리고 (④), 무릎을 펴 앞으로 흔들어 내고 (⑤), 뒷발의 신전(伸展)보다 상체를 앞으로 이동시킨다 (⑥). 검끝이 상대

2 A

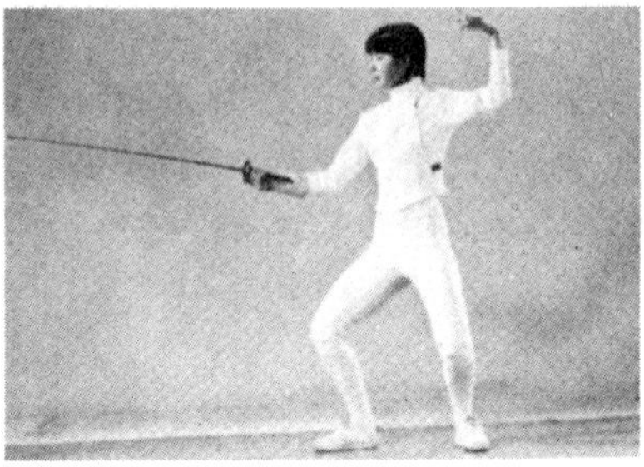

1

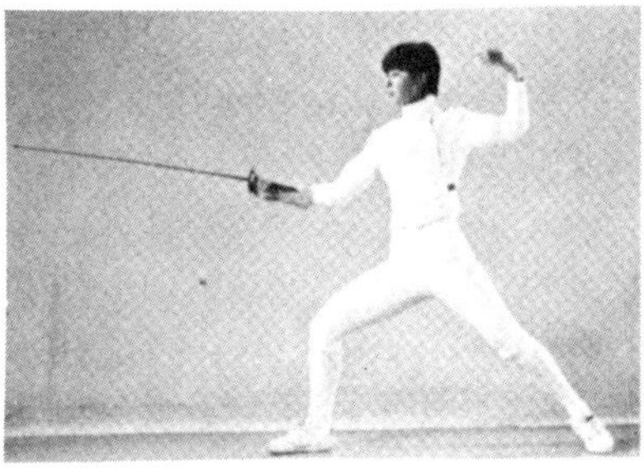

2 B

3

에게 스친(투슈 Touche) 직전에 뒷팔을 흔들어 내리고, 동시에 뒷발의 무릎을 강하게 편다(⑦, ⑧). 그때 앞발은 뒤꿈치부터 착지시킨다. 또 아론제 · 르 · 브라—팡데 · 브의 일련의 동작을 후트웕시에 호령으로 행하는 경우는'쿠 · 드로와 Coup Droit)' 라고 한다.

〈주의점〉

(1)앞발을 흔들어 낼때, 뒤꿈치를 너무 올리지 않는다.

(2)앞발의 무릎은 충분히 편다.

1

2

3

4

5

6

7

8

9

10

11

12

봉 · 나방 — 봉 · 나레르

3

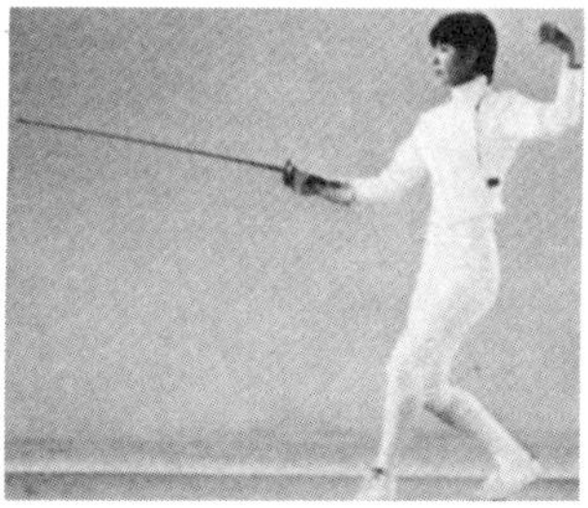
2

1

빠스·아방—빠스·아레르

5

4

(3)뒷팔은 흔들어 내리고 시기를 서두르지 않는다.

(4)뒷발의 무릎을 강하게 펼때, 발바닥을 바닥에서 떨어뜨리지 않는다.

(5)팡트에서는, 가아드의 상부가 눈의 바로 밑에 위치한다(⑧A, B).

(6)앞발의 정강이는 바닥에 수직, 대퇴부는 수평을 유지한다(⑧, A).

(7)양 어깨는 거의 같은 높이를 유지한다.

(8)뒷팔은 손가락 끝까지 펴고, 편 뒷발의 바로 위에 위치하고 평행이 되도록 한다(⑧, A).

(9)앞발의 발끝, 무릎은 펜싱·라인 위에 둔다.

(10)검끝의 위치는 르·브라·아론지망 때와 마찬가지로 유지한다.

● **리쁘리즈·드·가르드 Reprise De Garde**

〈앙·가르드·앙·나레르 **En Garde En Arriēre**〉

팡트의 위치에서 본래의 자세로 돌아오는 것이다. 뒷발의 무릎과 뒷팔을 구부리고 앞발의 뒤꿈치로 바닥을 차고, 중심을 후방으로 옮기면서 본래의 준비 자세의 위치로 되돌아오는 것이다. 돌아오는 과정에서 결코 허리를 들어서는 안된다.

1

2

3

4

5

6

7

8

8 B

르 · 브라 · 아론지망 — 팡트

〈앙 · 가르드 · 앙 · 나방 **En Garde En Avant**〉

팡트에서, 앞발을 축으로 앞에 앙 · 가르드하는 것이다. 팡트의 자세에서 앞 무릎에 중심을 옮기고, 뒷발과 뒷팔을 구부리면서, 앞으로 끌어당겨 붙여 행한다 (①~⑥). 이 동작은 공격시에 상대가 크게 후퇴하는 경우에 사용한다. 지면의 확보와 동시에, 상대와의 거리를 줄

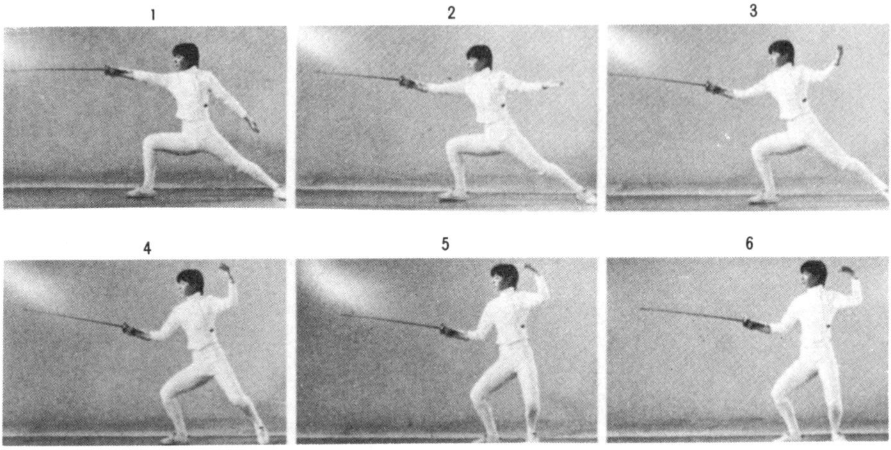

앙 · 가르드 · 앙 · 나방

이고 재공격하기 쉽게 하는 것이다. 도중에서 허리가 높아지게 되지 않도록 주의하고 또 후퇴한 상대의 몸의 자세가 좋은 경우는 피하는 쪽이 현명하다.

● 쿠 · 드로와 · 앙 · 말샹 Coup Droit En Marchant

전진을 동반한 쿠·드로와의 것으로 준비의 자세에서 팔을 펴면서 전진하고 (①~⑥),뒷발을 끌어 당겨붙임과 동시에 팡트한다(⑦~⑪). 무쥬르(Museure＝팡트로 도달하는 거리) 밖에 있는 상대 또는 무쥬르 밖에 나가려고 하는 상대에게 대하여 사용한다.

〈주의점〉

(1)팔을 펴는 요령은 '르 · 브라 · 아론지망'항 참조 (이하 마찬가지)

(2)전진중, 팔은 완전히 펴지 않으면 안된다.

(3)마르슈의 직전 일보로 너무 크게 전진하지 않는다.

(4)팡트는, 뒷발의 뒤꿈치의 착지와 동시에 앞발을 내디딘다. 또 팡트의 요령에 대해서는 팡트의 항 참조(이하 같음)

(5)일련의 동작중, 허리의 상, 하를 움직이지 않는다.

● 바레스트라 Baléstra

이탈리아에서 생긴 펜싱으로 전진(쟝프)를 동반한 팡트이다. 준비의

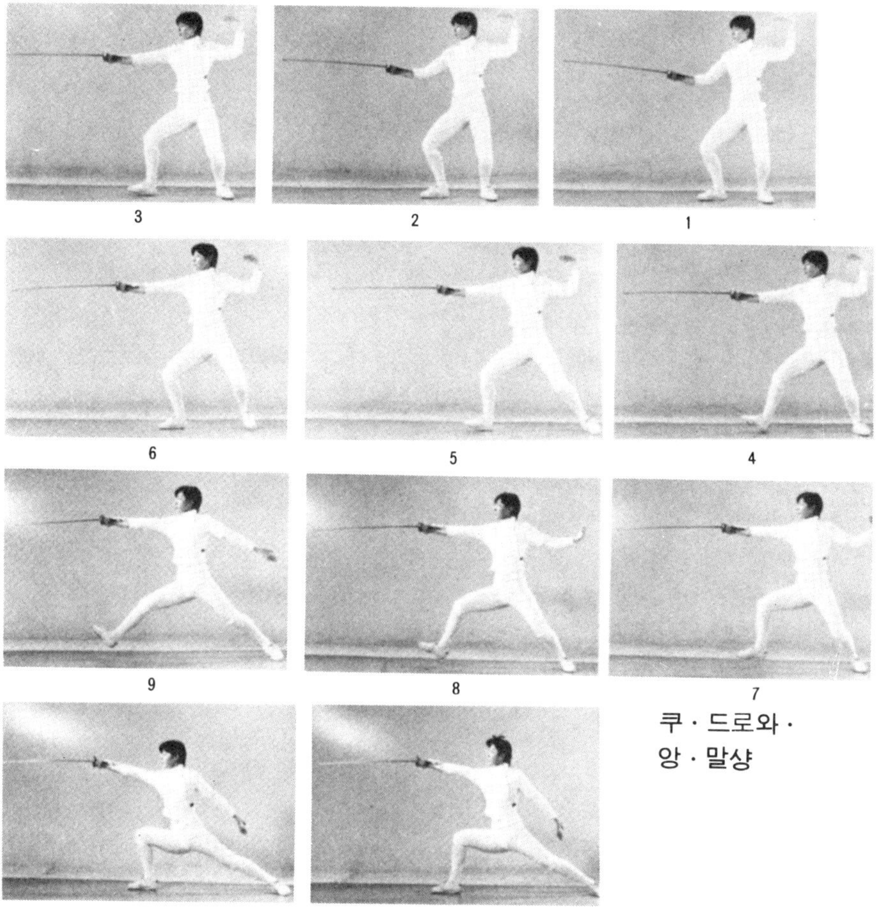

쿠·드로와·
앙·말샹

자세에서 팔을 펴면서 봉 나방하고(①～⑤) , 뒷발이 착지하면 동시에 팡트한다(⑥～⑩). 이 경우의 봉·나방은 앞발의 발끝으로 바닥을 긁듯이 하고, 동시에 뒷발을 끌어 당겨 붙이고 이내 팡트로 들어간다. 쿠·드로와·앙·말샹과 같은 동작인데 보다 가속이 붙기 쉽다고 하는 이점이 있다. 단지 봉·나방으로는 큰 스텝을 밟지 않도록 주의할 것.

● 르두브르망 Redoublement

방어했는데 반격하지 않는 상대, 또는 후퇴에 의해 공격을 피하는

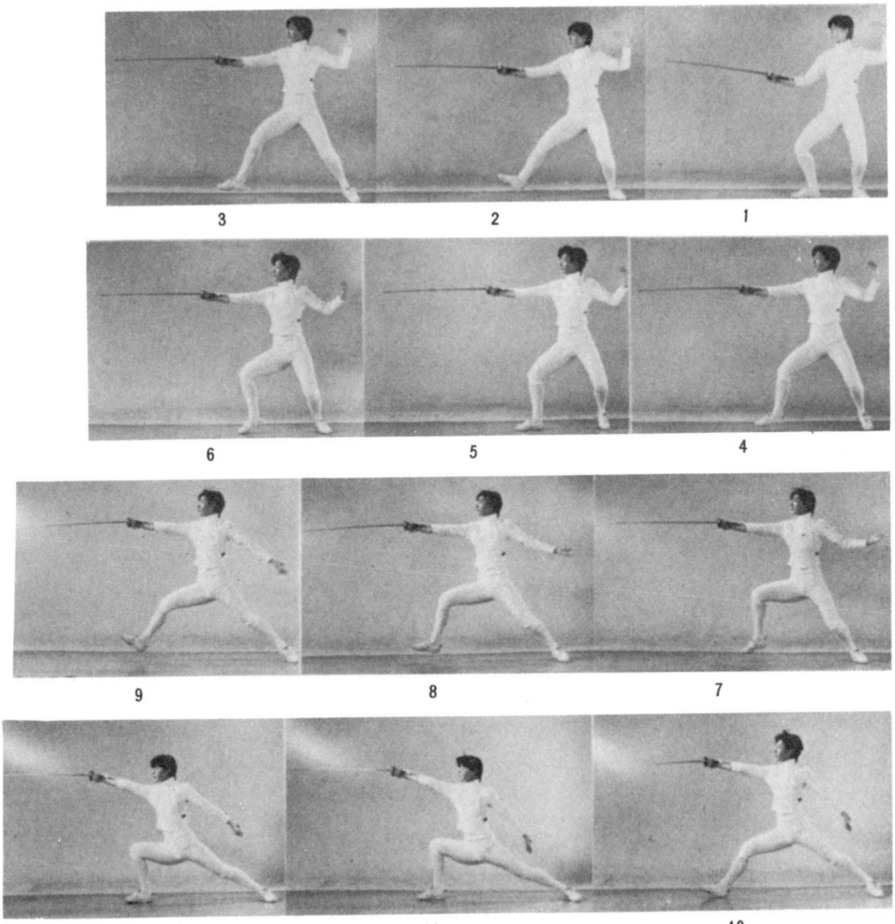

바레스트라

상대에 대해 행하는 공격 동작이다.

팡트에서(①～⑦) 팔을 편채 재빨리 뒷발을 끌어 당겨 붙이고(⑧～⑩) , 다시 팡트한다(⑪～⑭). 이 경우, 뒷손을 흔들어 내린채 그대로 행하는 것(A)과 일단 준비의 위치로 되돌아가 다시 흔들어 내리는 것(B)의 2종류가 있다. A는 뒷발의 끌어당겨 붙임이 작고, 팡트로 이동하는 것이 매우 빠르다. B는 A보다 뒷발의 끌어당김이 조금 크고, 팔의 흔들림이 더해지기 때문에 팡트에 가속이 붙는다. 초심자는 A에서 배운 방법이 좋다. 이 동작은 공격 후, 계속 끌어 찬스가 있을 때 조금 뒷발을 끌어당겨 붙여 투슈가 가능한 상황에서 사용하는 것이다.

단지 투슈까지에 시간이 걸리는 상황(예를 들면 뒷발을 크게 끌어당겨 붙이고 나서 팡트하지 않으면 안되는 때등)에서는 사용을 피하는 편이 좋다 (그 사이에 상대에게 방어 체세(体勢)를 할 시간을 주게 된다).

뒷발을 끌어당겨 붙일 때, B로는 허리가 올라가기 쉬운 점에도 주의하고 허리의 상, 하 움직임이 없도록 신경을 써야 한다.

● **르쁘리즈 · 다텍크 Reprise D'Attaques**

준비 자세를 고친 직후에 행하는 신공격 동작이다.

〈쿠 · 드로와→앙 · 가르드 · 앙 · 나방→쿠 · 드로와 · 앙 · 말샹〉

준비에 자세에서 (①), 어텍크에 들어가(②~⑤) 앞에서 준비 자세를 고치고 (⑥~⑧), 쿠 · 드로와 · 앙 · 말샹으로 들어 간다 (⑨~⑮)

여기에서는 처음의 어텍크가 쿠 · 드로와인데, 이 단계에 있어서는 어텍크의 항 전체를 적용하는 것이 가능하다. 앙 · 가르드 · 앙 · 나방의 때에 앙 · 가르드 · 앙 · 나레르를 사용해도 좋다.

쿠 · 드로와 · 앙 · 말샹의 때도 최초와 동일하게 모든 어텍크가 이용된다. 또 전진을 동반하지 않은 어텍크라도 좋다. 어느 것이고, 준비 자세를 고친 직후에 행하는 어텍크를 르쁘리즈 · 다텍크라고 한다.

〈쿠 · 드로와 · 앙 · 말샹→앙 · 가르드 · 앙 · 나방→바레스트라〉

준비의 자세에서 (①), 쿠 · 드로와 · 앙 · 말샹하고(②~⑥), 앞에서 준비 자세를 고쳐 (⑦~⑩)더욱 바레스트라를 행한다(⑪~⑳). 처음의 어텍크와 르쁘리즈 · 다텍크의 공격의 종류는 전항(前項)과 마찬가지이다. 이 동작은 전항의 것보다도 르쁘리즈 · 다텍크에 가속을 붙이는 것이 가능하다.

〈**주의점**〉

최초의 공격을 상대가 피하고 자세를 고쳐 추격하는 것인데, 이 준비 자세 고칠 때가 중요하다. 이 때에 상대의 태세에 따라 무엇을 행할 것인가를 명확하게 의도하는 것이다. 준비 자세를 고친 다음 르쁘

3

2

1

6

5

4

9 B

8 A

7

12A

11A

10A

8 B

14A

13A

11B　　10B　　9 B

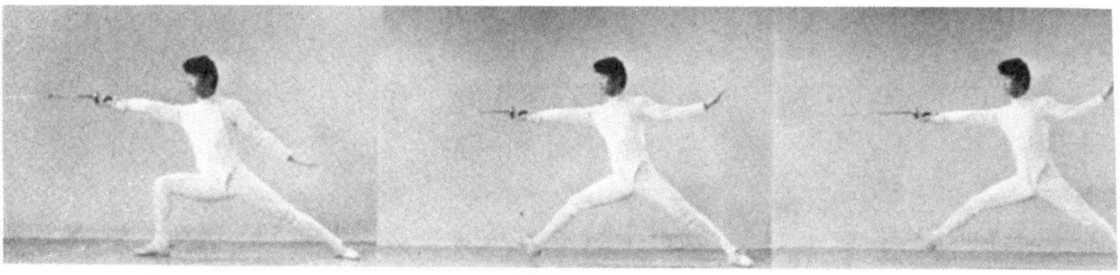

14B　　13B　　12B

르두브르망

리즈・다텍크에 들어가기 전에 사이를 두어서는 안된다. 처음의 어텍크로 전진을 동반한 경우, 다음의 르쁘리즈・다텍크 때에 콘트르・ 어텍크시킬 위험성이 있는 것을 염두에 두어야 한다.

● **프렛슈 Flèche**

팡트 대신에 화살과도 같이 달리면서 행하는 공격의 최종 동작이다. 준비 자세에서 (①), 목표를 향해 팔을 펴고, 체중을 앞발의 무릎에 두고, 상체를 앞으로 기울여뜨린다. 더욱 상체를 기울이고, 뒷발은 앞으로 크게 보내면서 앞발로 바닥을 강하게 차고 (②~⑥), 프렛슈로 이동(⑦~⑧), 앞발을 착지하고(⑨), 카르트나 식스트의 리뉴를 쿠베르하면서 상대의 허리를 달려 찌른다 (⑩~⑪).

〈주의점〉

프렛슈의 직전에는 우선 중심의 이동을 재빨리 행할 것. 그것에 의해 앞발로 강하게 바닥을 차는 것이 가능하고, 프렛슈에 스피드가 붙는다. 가능한 한, 뒷발이 바닥에 착지하기 전이나 동시에 투슈해야 하고, 단순 공격이면, 반드시 착지 전에 투슈해야 한다.

프렛슈는, 팡트보다 먼 거리에 있는 상대를 투슈하는 것이 가능한데, 너무 멀리 있는 상대를 이것으로 겨냥해서는 안된다. 왜냐하면,투슈까

3 2 1

6 5 4

9 8 7

12 11 10

15 14 13

〈쿠 · 드로와→앙 · 가르드 · 앙 · 나방→쿠 · 드로와 · 앙 · 말샹〉

3 2 1

6 5 4

9 8 7

12 11 10

15 14 13

18 17 16

쿠 · 드로
와 · 앙 · 말샤
→ 앙 · 가르드
· 앙 · 나방 →
바레스트라

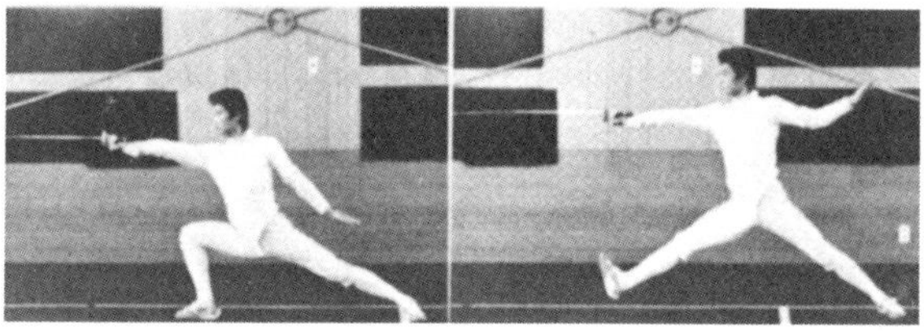

20 19

3 2 1

6 5 4

8 7

프렛슈

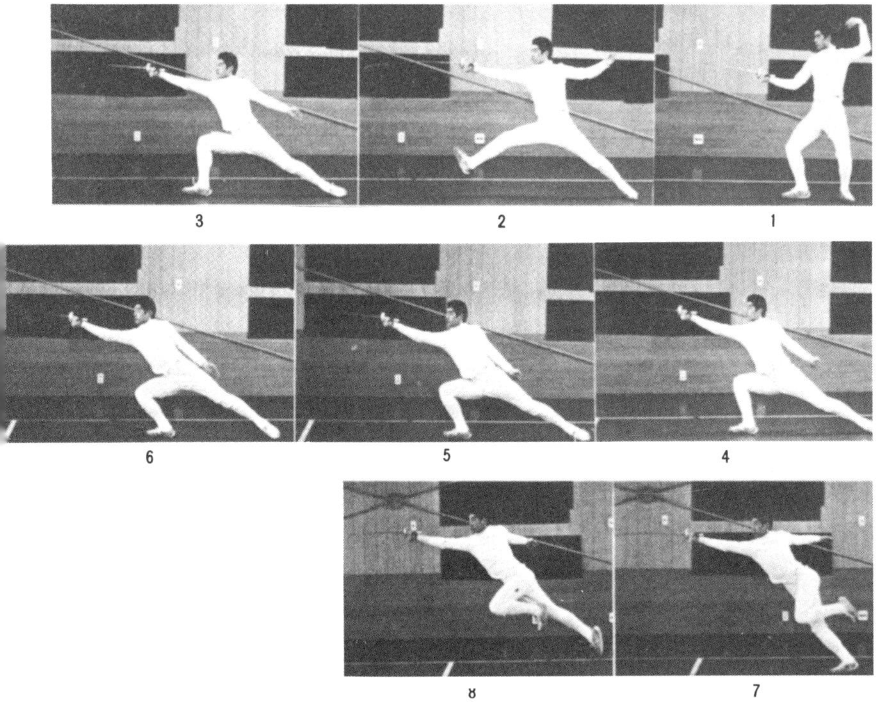

팡트에서의 프렛슈

지에 시간이 걸려 상대에게 디펜스의 여유를 줘버리게 되기 때문이다. 또 프렛슈 뒤의 태세가 팡트의 경우보다도 나쁘기 때문에, 리뽀스트를 방어하기 어렵고, 게다가 콘트르·리뽀스트까지 행하기 어렵기 때문이다.

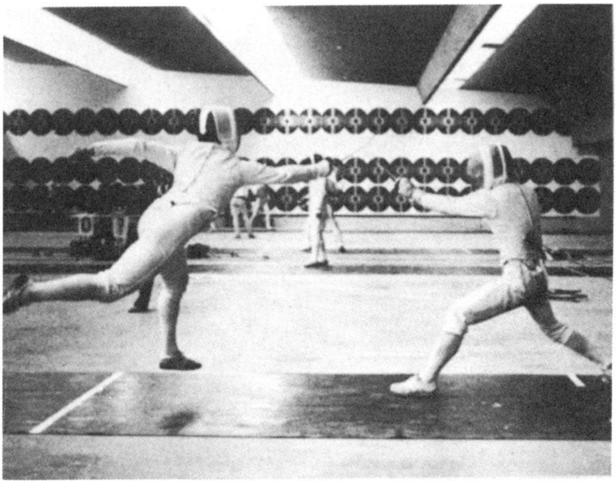

◁ 뒷발이 바닥에 닿기 전이나 동시에 투슈해야 한다.

2

1

4

3

5

빠스에서의 프렛슈

〈팡트에서의 프렛슈〉

준비 자세에서 (①), 팡트하고 (②~③), 앞발의 무릎에 중심을 이동하고(④~⑥), 뒷발을 보내고 (⑦), 앞발로 바닥을 차며 프렛슈에 들어 간다 (⑧).

이 프렛슈는 얕은 팡트나 통상의 팡트에서 행한다. 팡트한 후에 아직 찬스가 남아있는 경우에, 관성을 이용하여 행하는 것이다. 단지, 그 경우에도 통상의 프렛슈보다도 상대가 가까운 거리에 있을 때에 사용한다.

〈빠스에서의 프렛슈〉

준비 자세에서, 가볍게 날듯이 빠스를 행하고 되돌아온 앞발이 착지한 후, 재빨리 2보 전진하고 (①~②), 체중을 앞발에 이동하면서(②), 바닥을 차 프렛슈에 들어간다 (③~⑤). 빠스의 사진은 생략했다.

빠스를 행할 직전에 상대가 크게 후퇴한 때 등에 추격하면서 사용한다. 프렛슈의 도중에서 빠스로 바꾸어 행하는 것도 있다. 어느 것이고, 빠스 뒤, 재빨리 스텝(1보 또는 2보)으로 거리를 좁히고, 투슈 가능한 위치에서 프렛슈에 들어간다. 전진의 단계에서 추격할건가, 멈출 것인가 상황을 보아 판단하는 것이 중요하다.

〈팡트, 앙・가르드, 프렛슈〉

준비의 자세에서 (①), 팡트하고 (②~③), 앙・가르드로 돌아와(④~⑦), 프렛슈를 행한다 (⑧~⑩). 앙・가르드로 돌아오기 직전, 다시 공격이 가능하도록 앞으로 기울어진 자세로 준비하고, 앞발의 착지도 발끝으로 행한다(⑥ 참조).

일단 돌아와, 상대의 허를 찌르며 행하는 르쁘리즈・다텍크이다.

〈프렛슈의 트레닝 법〉

①손을 연결하여

사진과 같이 만들어, 프렛슈하는 선수 (왼쪽)는 충분히 상체를 앞으로 기울이고 앞발에 중심을 둔다. 오른쪽의 선수는 상대의 그 상태를 보고, 화살을 쏘는 것같이 손을 놓는다.

②글러브 던지기

사진 ①과 같이 서서, 왼쪽의 선수가 글러브를 던진다. 오른쪽의 선수는 프렛슈의 몸 자세로 그것을 잡는다. 글러브를 던지기 직전, 상대의

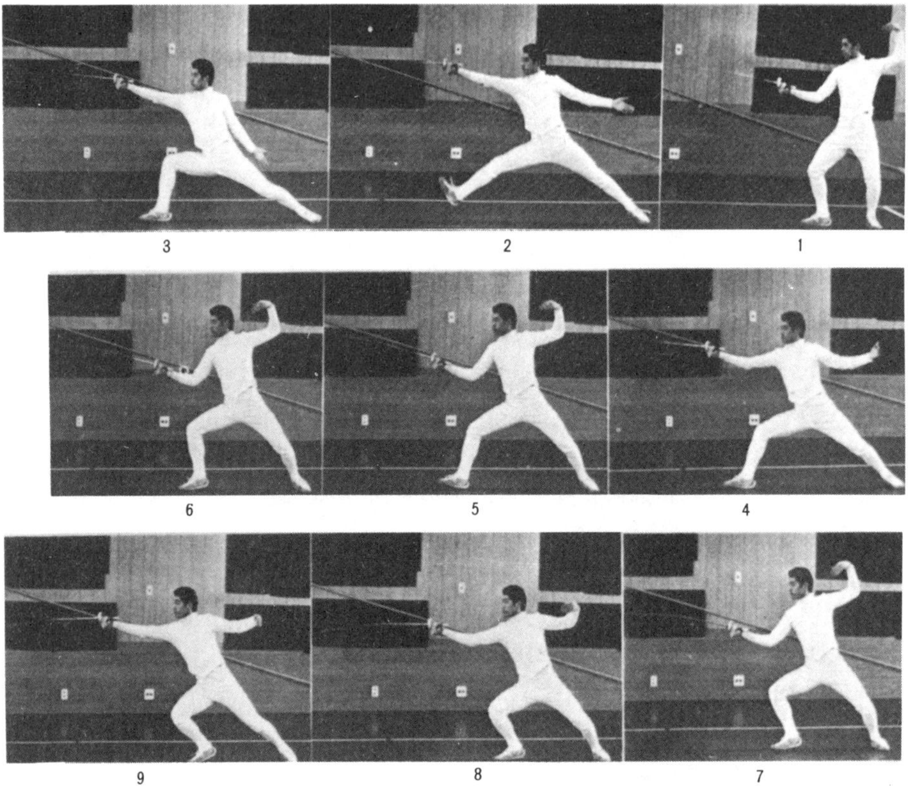

팡트, 앙 · 가르드, 프렌슈

능력에 맞게 가능한 한 ②A, ②B와 같이 빠듯하게 내던진다. ②C는 그것에 준해 있는데, ②D는 너무 낮고, ②E는 너무 쉽다.

● **빠스 passe**

공격의 최종 동작으로, 팡트 대신에 뒷발을 보내는 것이다. 준비 자세에서, 중심을 앞발로 이동시키면서 팔을 펴고, 동시에 뒷발을 앞으로 크게 내 디딘다(①~⑤).

준비 자세로 되돌아오는 데는 2가지가 있다. Ⓐ는 빠스·아방의 요령으로 앞발을 되돌려 준비하고, Ⓑ는 내디딘 뒷발로 바닥을 차고 빠스·아레르의 요령으로 돌아오는 것이다.
팡트와 마찬가지로 사용하는데, 보다 먼거리의 상대를 투슈하는 것이 가능하다. 그러나 벨런스를 무너뜨리기 쉬운 결점이 있다. 따라서 Ⓐ는 상대와의 거리가 있는 경우에 사용한다. Ⓑ는 떨어진 편이 위험하기 때문에 멀리 떨어져 있지 않은 상황에서 사용하도록 명심한다.

손을 연결하여

● 아펠 Appel

바닥을 소리를 내며 걸으면서 전진, 후퇴하고, 때때로 팡트를 동반하는 일련의 후트웍이다.

〈팡트를 동반한 아펠〉

처음에 대표적인 방법을 설명해 둔다. 앙·가르드에서(①), 봉·나

1

2 A

2 B

2 C

2 D

2 E

글러브를 던져

방의 요령으로 전진하고, 발끝으로 착지한다 (②~⑥). 뒷발을 끌어당겨 붙임(⑦, ⑧)과 동시에 앞발을 내디딘다. 그 직전에 마르슈나 팡트와 동시에, 뒤꿈치부터 착지하도록 행한다 (⑨~⑪). 뒷발은 재빨리 끌어당겨 붙이고 (⑫~⑮), 계속해서 앞발을 내디딘다(⑯). ⑰에서 ㉑까지는 ①~⑧과 동일한 요령으로 행한다. 더욱 앞발을 내디디고(㉒), 팡트에 들어가는 것이다(㉕~㉗).

이 동작에서 중요한 것은, ⑧~⑩의 사이의 어느 시점에서라도 팡트로 바꿀 수 있을것. 더욱㉑이후는 사진과 같은 팡트인데 마르슈를 행할 수도 있다고 하는 것이다. 이상의 바꾸는 것은 상황에 따라 행하는 것으로, 연습시에는 언제라도 팡트나 마르슈를 행하도록, 조합을 달리하여 반복하여 행하여 두는 것이 좋다.

〈봉 · 나방 · 듀 · 포아 · 에 · 봉 · 나레르〉

Bond En Avant Deux Fois Et Bond En Arrière

준비 자세에서 (①), 봉 · 나방의 요령으로 전진 (②~⑤). 다음의 전진으로 뒤꿈치 대신에 다시 발끝으로 착지하고 (⑥~⑩), 봉 · 나레르로 되돌아 온다 (⑪~⑭). 다음에는 다시 같은 스텝이나 앞에 기술한 아펠, 또는 다른 후트웍으로 들어간다.

이 스텝의 특징은 ⑤의 시점에서 팡트에 들어가면 바레스트라가 되고, 마르슈를 하면 앞에 기술한 아펠에 연결되는 것이 가능하게 된다. 스텝은 크게 되지 않도록 1보로 전진하는 거리를 2보로 움직이도록 한다. 후퇴는 상황에 따라서 보통으로, 또는 크게 움직일 필요가 있다.

● 아레 · 앙 · 롱빵 Arrêt En Rompant

콘트르 · 어텍크(contre Attaques)의 일종(후에 기술)으로, 후퇴의 준비를 하면서 투슈하고, 재빨리 상대로부터 떨어지는 동작이다.

뒷발을 끌어당기면서, 팔을 펴고 투슈하고(①~④), 그 직후, 큰 롬프르의 요령으로 뒷쪽에 준비 자세를 취한다 (⑤~⑫).

유효면을 겨냥하여 전진해오는 상대에 대해 사용하는데, 팔펴는 것은 소위 '전광석화'의 요령으로 행해야 한다. 또, 뒷발의 끌어당김이 검의 리치에 영향을 주어서는 안된다. 즉, 준비 자세에서 팔을 펴서 투슈하는 위치를 유지할 것, 투슈 후는 가능한 한 빨리 뒷쪽으로 자세를 취하고, 안전권에 몸을 둘 것에 주의를 기울이도록 해야한다.

● 듀 · 마르슈 · 팡트 Deax Marche Fente

재빨리 2보 전진하여 공격에 들어가는 스텝이다.

준비의 자세에서 앞발을 내 디디고 (①~②), 발끝으로 착지하는 (③) 것과 동시에 뒷발을 끌어 당겨 붙인다 (④~⑤). 뒷발의 발끝이 착지하는 것과 동시에 앞발은 2보째의 내 디딤에 들어간다 (⑥). 다시 앞발의 발끝이 착지하는 (⑦) 것과 동시에 뒷발을 끌어당겨 붙여, 뒷발의 착지와 동시에 팡트에 들어간다 (⑧~⑫).

무쥬르 밖에있는 상대, 혹은 후퇴해 가는 상대에 대해서 사용하는 것

1

2

3

4

5

6 A

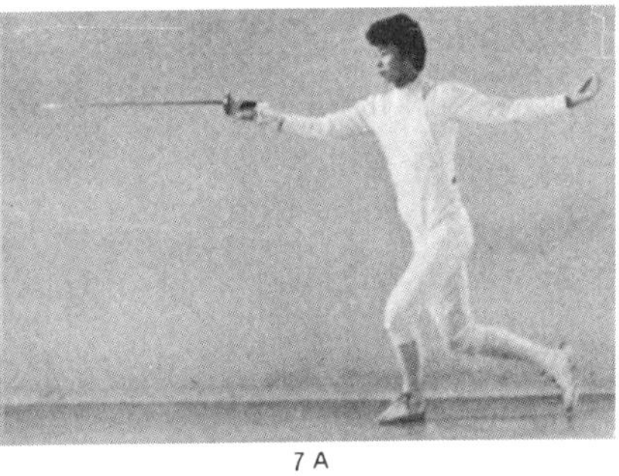
7 A

8 A

6 B

9 A

8 B

7 B

빠스

10B

9 B

이다. 보통의 마르슈와 달리 발끝부터 들어간다. 그 때문에 보폭은 작으나 빠른 포인트로 전진이 가능하다. 또 1회의 마르슈보다도 가속이 붙는다고 하는 특징이 있다. 단지 1회의 스텝을 크게 하지 않을 것, 자신의 무쥬르에 들어가면 재빨리 팡트로 들어가는 것에 신경을 쓰지 않으면 안된다.

4 3 2 1

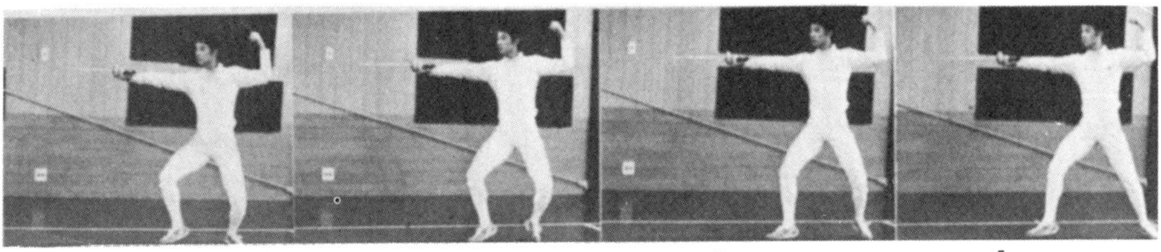

8 7 6 5

11 10 9

14 13 12

18 17 16 15

21 20 19

24 23 22

27 26 25

팡트를 동반한 아펠

3 2 1

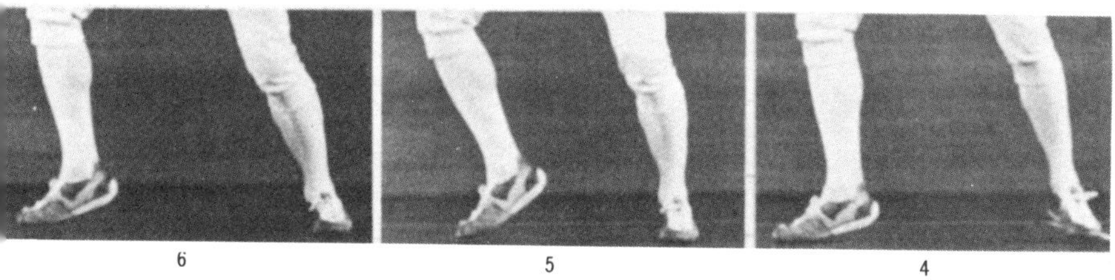

6 5 4

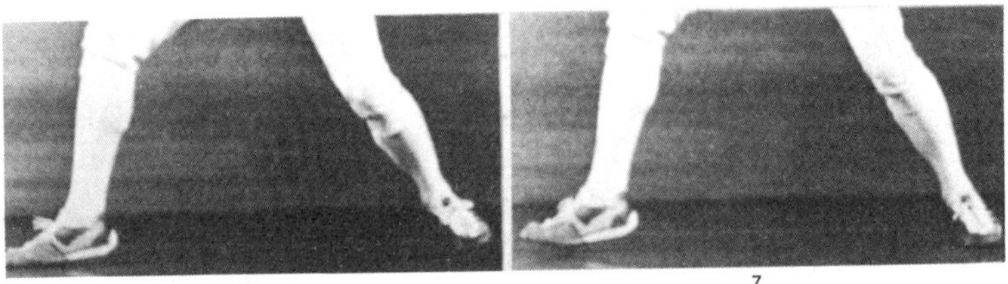

8 7

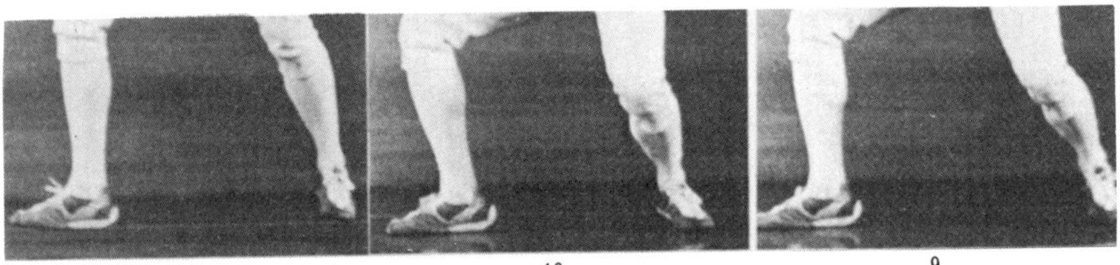

11 10 9

14 13 12

봉 · 나방 · 듀 · 포아 · 에 · 봉 · 나레르

3 2 1

6 5 4

9 8 7

12 11 10

아레 · 앙 · 롱빵

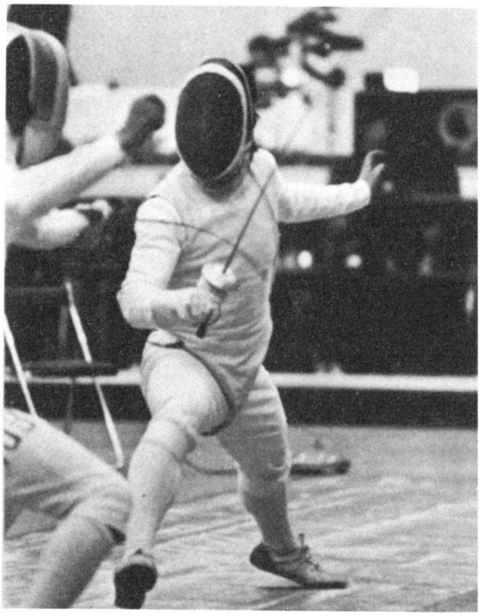

후퇴의 준비를 하면서
투슈한다.

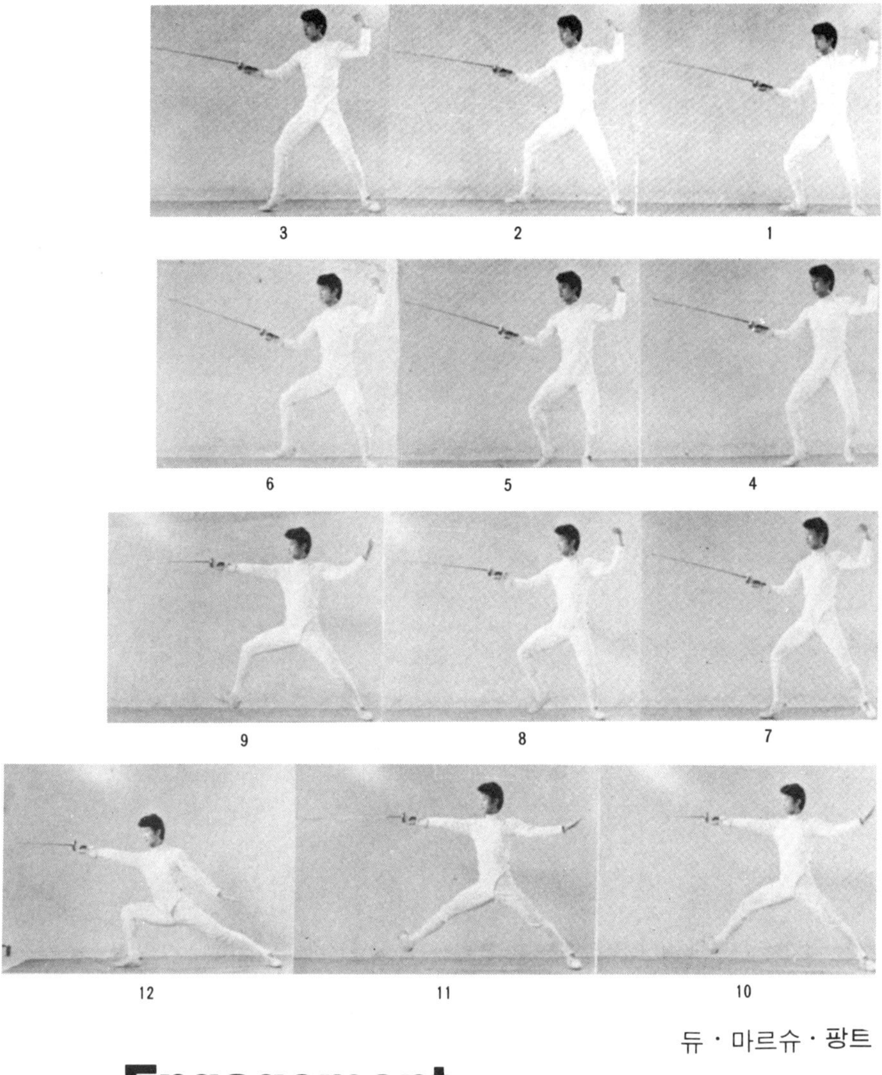

듀・마르슈・팡트

Engagement
앙가쥬망

검과 검의 연결을 말한다. 8개의 기본적인 포지션이 있다. 그것들을 '뽀지숑・데스크림' 이라고 한다.

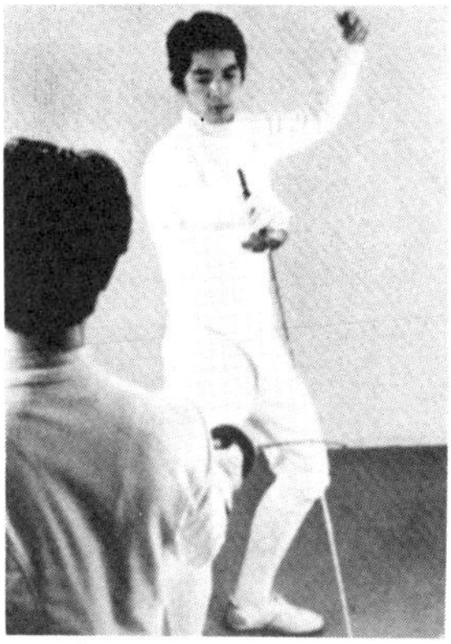
1

2

3

4

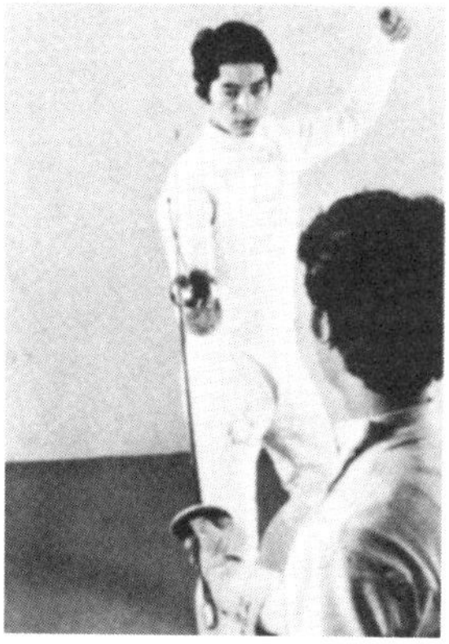
4 A

5

6 A

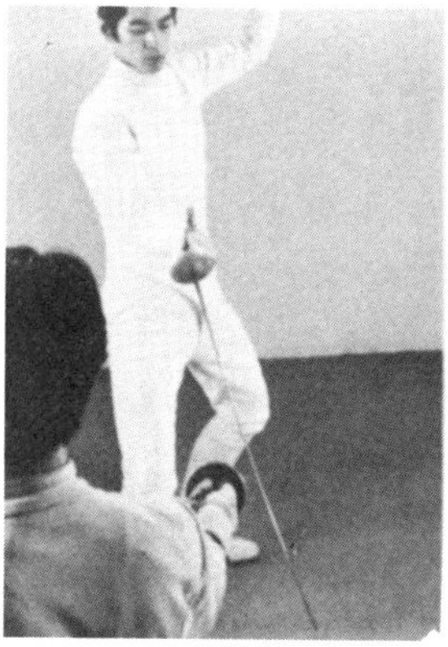
7 A

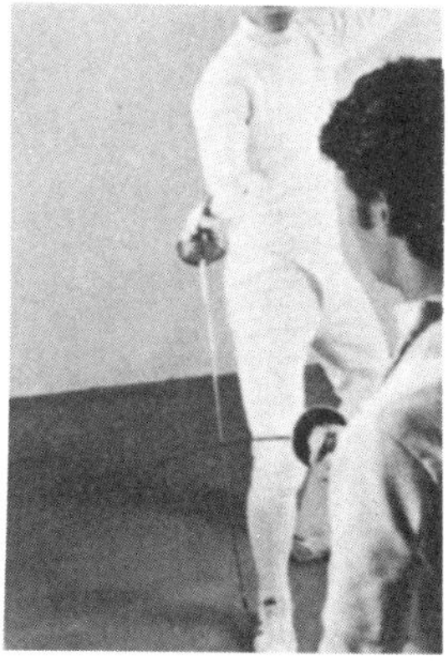
8 A

6B

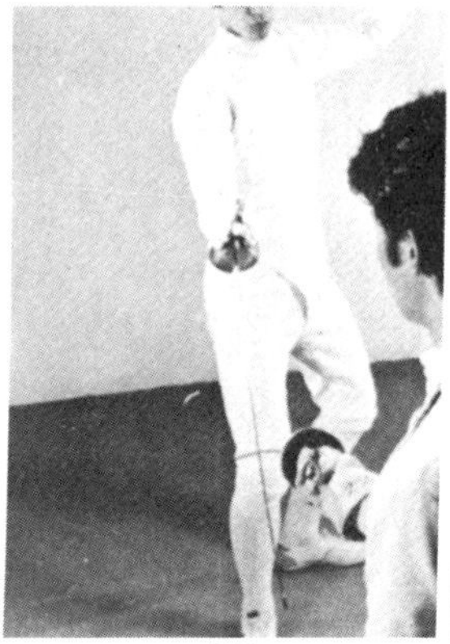

7B

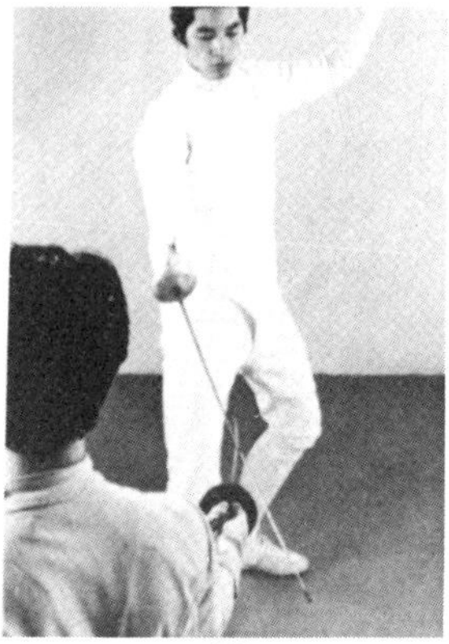

8B

정면의 선수가 쁘림으로 앙가쥬망하고 있다. (손앞의 선수는 가드가 옥타브의 포지션을 취하고 있는데, 검은 상대와 합쳐지고 있다.) —①

정면의 선수가 스콩드로 앙가쥬망하고 있다. (①과 같다.)—— ②

정면의 선수가 티에르스로 앙가쥬망하고 있다(손앞의 선수는 가드가 식스트의 포지션을 취하고 있는데, 검은 상대와 합하고 있다)—— ③

정면의 선수가 카르트로 앙가쥬망하고 있다(손앞의 선수는 가드가 카르트의 포지션을 취하고 있는데,검은 상대와 합하고 있다)——④

손앞의 선수가 카르트의 포지션을 취하고, 정면의 선수는 식스트의 포지션으로 카르트의 앙가쥬망을 하고 있다—— ④ A

정면의 선수가 킨트의 앙가쥬망을 하고 있다(손 앞의 선수는 가드가 식스트의 포지션을 하고 있는데, 검은 상대와 합하고 있다)—— ⑤

정면의 선수가 식스트의 앙가쥬망을 하고 있다(⑤와 동일)——⑥ A

손앞의 선수가 식스트의 앙가쥬망을 하고 있다(정면의 선수는 가드가 식스트의 포지션을 취하고 있지만, 검은 상대와 합하고 있다)— ⑥ B

정면의 선수가 셉팀의 앙가쥬망을 하고 있다(손앞의 선수는 옥타브의 포지션으로 셉팀의 앙가쥬망을 하고 있다) —— ⑦ A

⑦ A의 역이다—— ⑦ B

정면의 선수가 옥타브의 앙가쥬망을 하고 있다(손앞의 선수는가드가 옥타브의 포지션을 하고 있지만, 검은 상대와 합하고 있다)— ⑧ A

⑧의 역이다——⑧ B

● 뽀지숑 · 데스크림 Position D'escrime

쁘로나숑(레 · 죵클 · 앙 · 두수 Les Ongles En Dessous)으로 4가지 방법이 있다. 즉 1. 쁘림(Prime) 2. 스콩드(Seconde) 3. 티에르스(Tierce) 5. 킨트(Quinte).

그리고 슈뻬네숑(레 · 죵클 · 두슈 Les Ongles Dessus)에도 4가지 방법이 있다. 4. 카르트(Quarte) 6. 식스트(Sixte), 7. 셉팀(Septime), 8. 옥타브(Octave)이다.

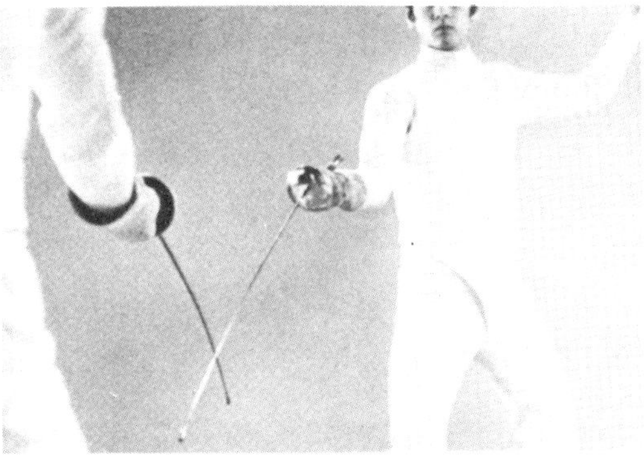

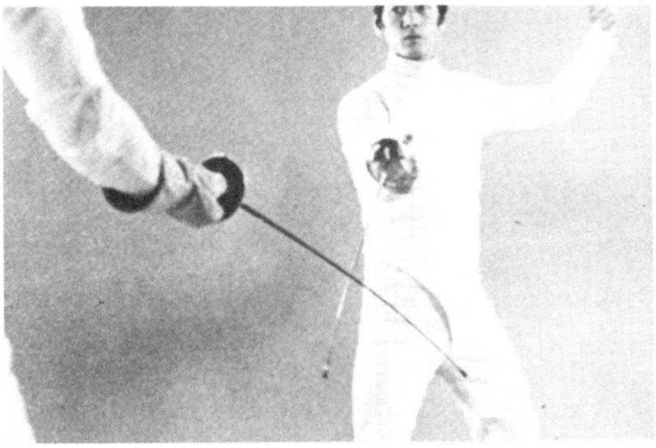

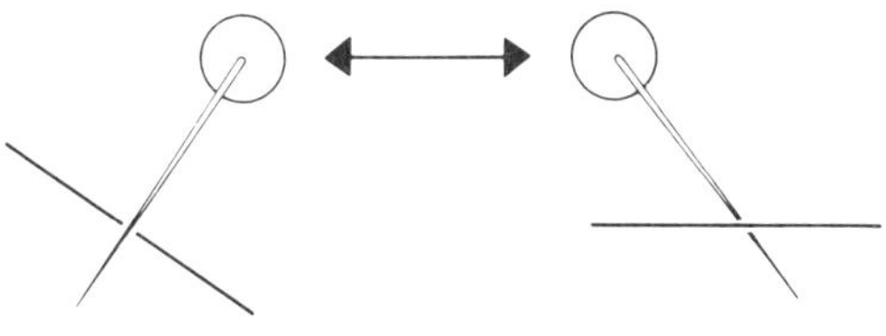

어떤 앙가쥬망에서 다른 앙가쥬망으로 변경하는 것이다.

1

2

3

4

5

6

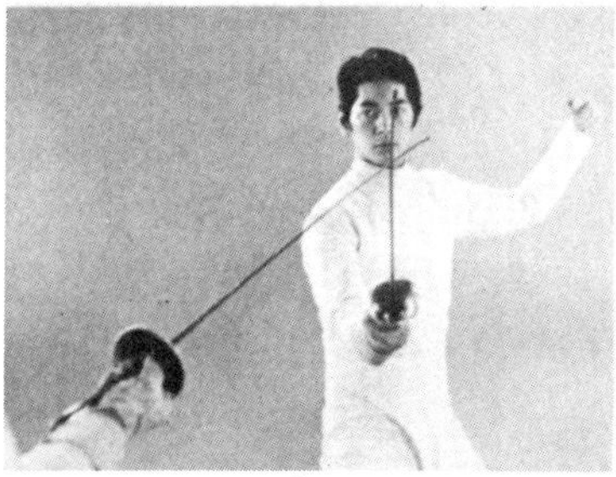

7

8

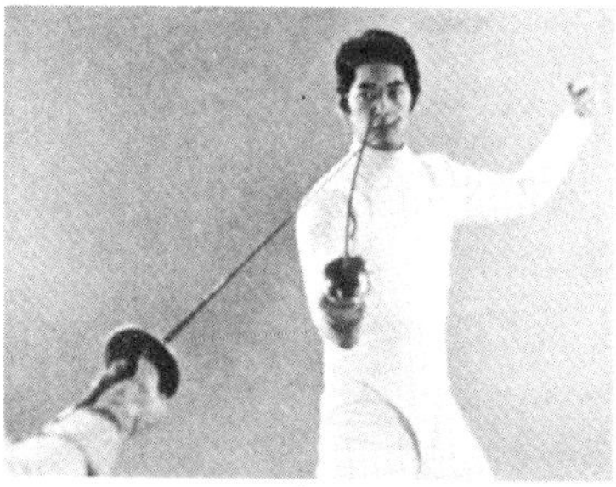
9

10

11

식스트 → 카르트 → 식스트

이상 8가지의 뽀지숑·데스크림은 그대로 빠라드(Parade=검으로 행하는 방어)의 위치와 같다. 보통 이것들 앙가쥬망은 무쥬르로 행하고, 서로의 검은 검끝에서 거의 3분의 1의 점에서 교차시킨다.

주체가 되는 선수(사진의 정면및 정면 A)의 앙가쥬망은, 그 리뉴(Ligne, 이라스트 참조)를 쿠베르(Couvert =영어의 커버와 같다) 하고 있다. 즉, 그 리뉴로의 공격은 방어 가능한 포지션이다. 이들의 포지션은 렛슨을 행하는 데 있어서 빠뜨릴 수 없는 것이고, 기본적으로는 슈뻬네숑의 4가지 방법을 우선 마스터할 필요가 있다.

〈포지션의 명칭에는 유래가 있다〉

유럽에서는 펜싱의 기술이 음악이나 가극과 마찬가지로 예술의 영역으로까지 생각되고, 그 명칭도 예술 활동과 같은 것이 사용되어진다.

가극에서는 쁘리마돈나, 음악에서는 옥타브(8도 음정), 카르택트(사중창, 연극)라고 하는 호칭으로 남아있는데, 펜싱의 경우와 같이 1번에서 8번까지 완벽한 형으로 남아있는 것은 진귀하다.

1

2

3

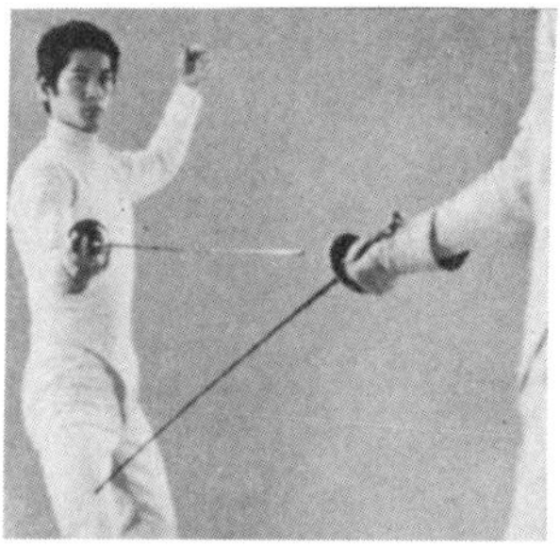
4

5

6

7

8

9

10

11

12

13

14

15

옥타브 → 셉팀 → 옥타브

본래는 진검(장검) 시대의 기술에 그 뿌리를 두고 있다.

불의의 공격을 받았을 경우 허리의 검을 뽑아 방어한다. 즉 검으로 상대의 공격을 방어하는 최초의 수단이다 라는 것에서 빠라드·쁘림이라고 하는 이름이 붙게 되었다. 이하, 상대의 공격에 대하여 대응책으로서의 빠라드가 순차로 고안되어 온 것이다.

단지, 현재의 펜싱에서는 식스트의 준비 자세를 취하는 케이스가 거의 대부분이기 때문에, 쁘로나숑의 빠라드는 2차적인 것으로 생각할 수 있을 것이다.

●샹쥬망 · 당가쥬망

Changement D'Engagement/Changez D'Engagement

어떤 앙가쥬망에서 다른 앙가쥬망으로 변경하는 것이다.
공격 또는 방어에 있어서, 자신의 유리한 상황을 얻기 위하여 행한다. 이론적으로는 하나의 포지션에서 다른 모든 포지션으로 이동이 가능하지만 주로 슈삐네숑에 의한 포지션(카르트, 식스트, 셉팀, 옥타브) 사이의 샹쥬망이 사용되어지고 있다.

리뉴를 변경하는 경우, 검끝의 움직임은 손가락에 의한 조작이 가능할 만큼 작게 움직이고, 가아드는 좌, 우로 수평으로 이동시킨다. 상, 하 또는 비스듬한 리뉴의 변경의 경우에도, 가아드의 방향이 검끝과 같은 방향으로 변할 뿐, 상, 하의 움직임은 시키지 않는다.

〈식스트 → 카르트 → 식스트〉

식스트의 포지션에서(①), 검끝으로 좌회전의 원을 그리면서 상대

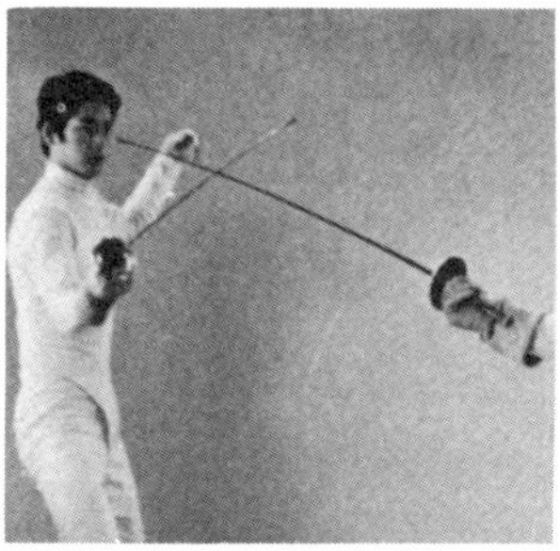
1

2

3

4

5

6

7

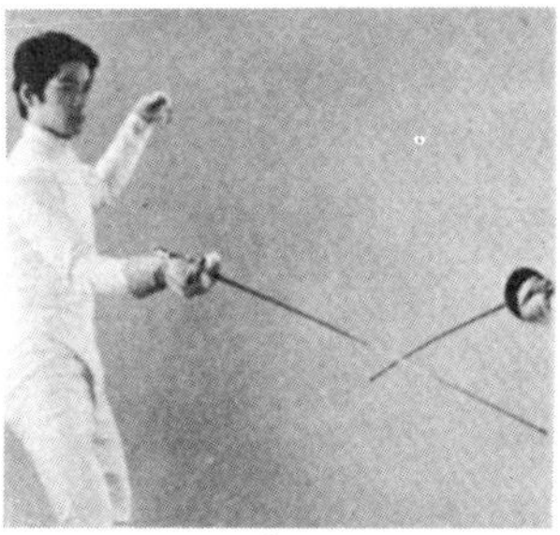
8

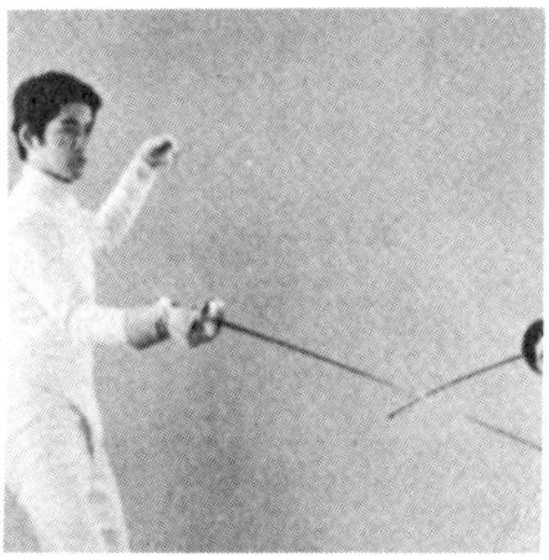
9

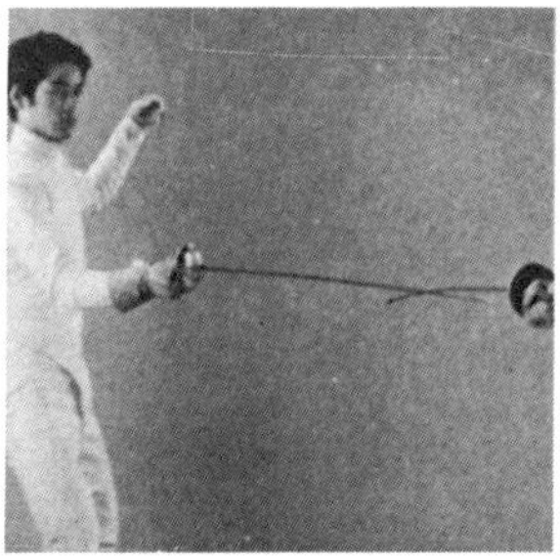
10

11

12

식스트 → 셉팀 → 식스트

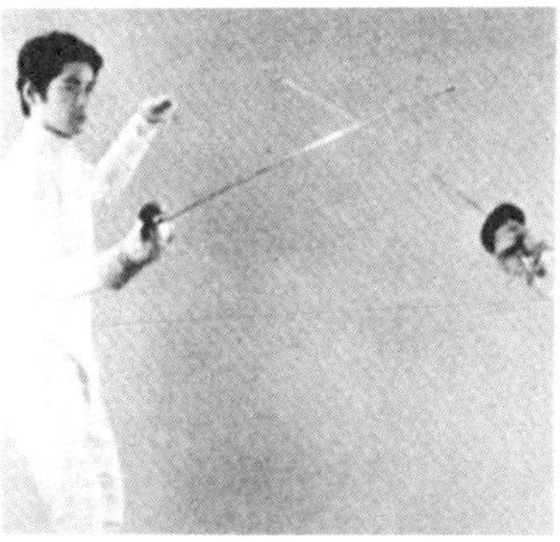
13

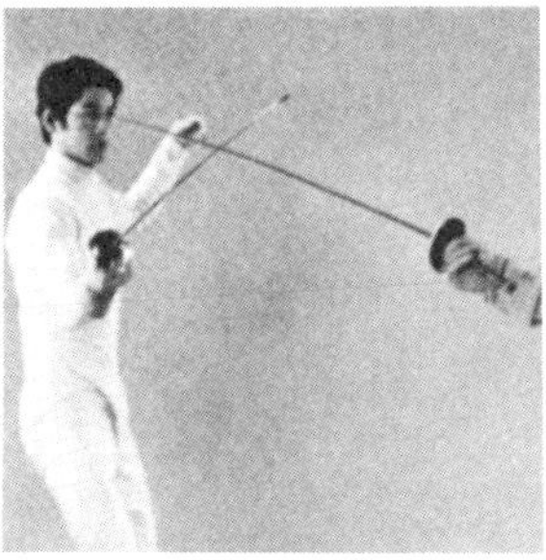
14

의 검은 카르트쪽으로 잡고(②~⑤), 가아드와 함께 카르트의 포지션으로 이행시킨다(⑥~⑦). 카르트에서 식스트로의 변경은, 검끝으로 우회전의 원(시계 바늘과 같은 방향)을 그리면서(⑧~⑨) 상대의 검을 식스트쪽으로 잡고(⑩), 가아드와 함께 식스트의 포지션까지 이행시킨다(⑪).

〈옥타브 → 셉팀 → 옥타브〉

옥타브의 포지션에서 (①), 검끝으로 우회전의 원을 그리면서, 상대의 검을 셉팀쪽으로 잡고(②~⑥),가아드와 함께 셉팀의 포지션까지 이행시킨다 (⑦~⑨). 셉팀에서 옥타브로의 변경은, 검끝으로 좌회전의 원을 그리면서, 상대의 검을 옥타브쪽으로 잡고 (⑩~⑭), 가아드와 함께 옥타브의 포지션으로 이동시킨다(⑮).

1

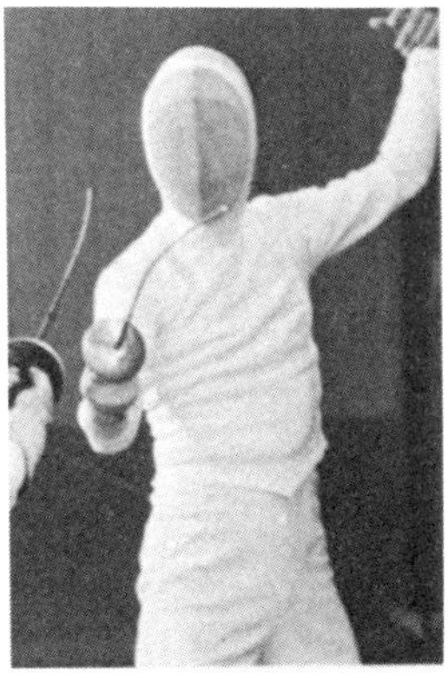
2

압상스 · 드 · 페르

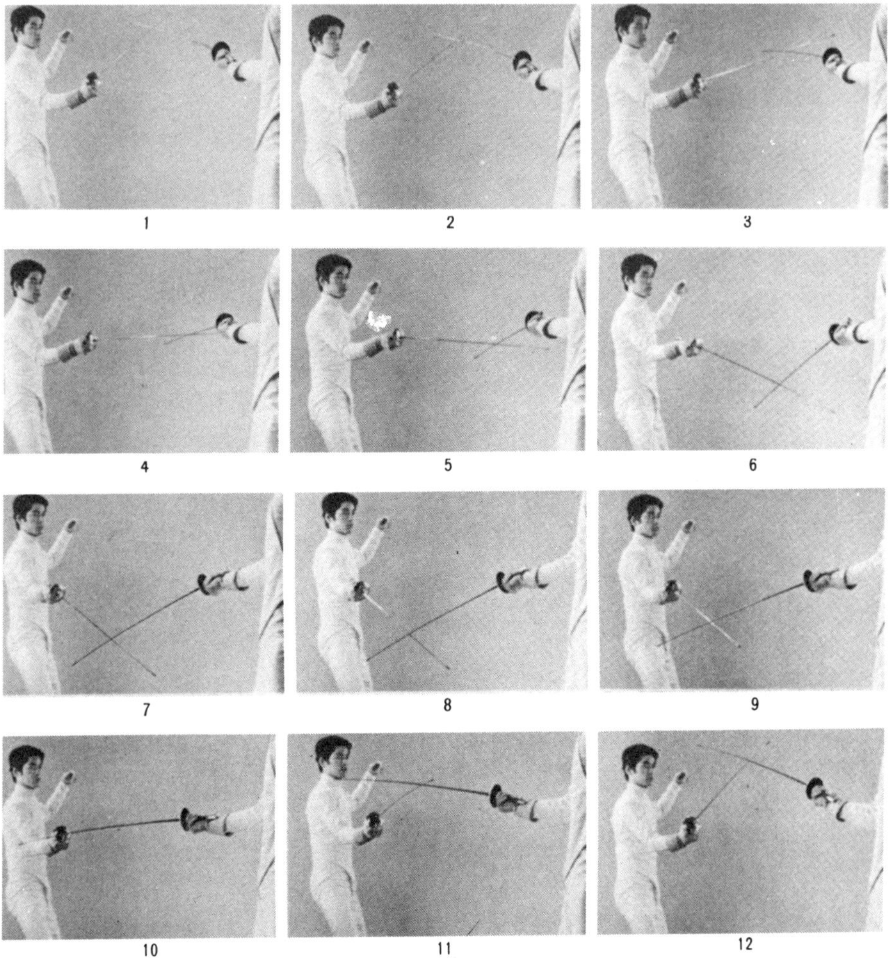

카르트 → 옥타브 → 카르트

〈식스트 → 셉팀 → 식스트〉

식스트의 포지션에서 (①), 상대의 검을 잡은 채, 검끝으로 우회전의 반원(위에서 아래로)을 그리고(②~④), 가아드와 함께 셉팀에서 식스트로의 변경은, 마찬가지로 상대의 검을 잡은채, 검끝으로 우회전의 반원(아래에서 위)을 그리고(⑧~⑭), 가아드와 함께 식스트의 포지션으

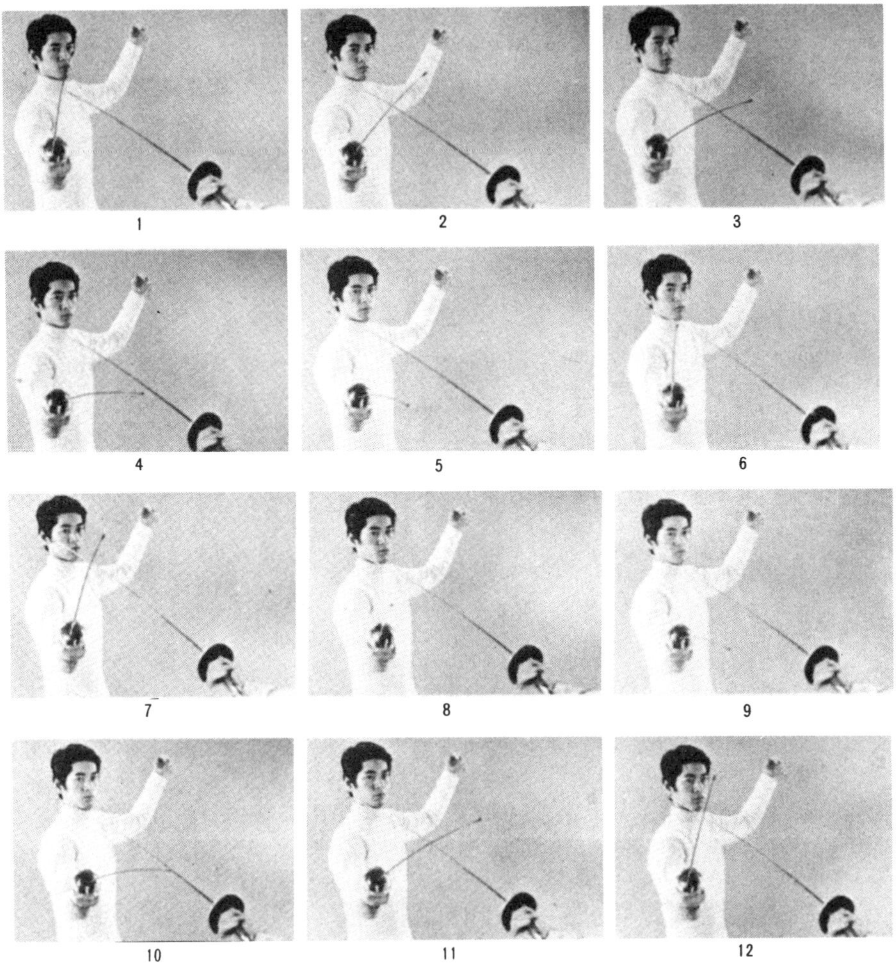

식스트 → 카르트 → 식스트

로 이행시킨다.

〈카르트 → 옥타브 → 카르트〉

카르트의 포지션에서 (①), 상대의 검을 잡은채 검끝으로 좌회전의 반원(위에서 아래)을 그리고(②~⑤), 가아드와 함께 옥타브의 위치까지 이행시킨다 (⑥~⑦). 그 위치에서 카르트로의 변경은 역시 상대의 검을 잡은 채 검끝으로 좌회전의 반원(위에서 아래)을 그리고 (⑧~⑫), 가아드와 함께 카르트의 포지션으로 이행시킨다.

〈듀 · **샹쥬망 · 당가쥬망**〉

어떤 하나의 뽀지숑 · 데스크림으로 가아드 이행을 동반하지 않고, 2번 계속해서 재빨리 앙가쥬망을 변경하는 것이다.

◇식스트 → 카르트 → 식스트

식스트쪽의 앙가쥬망에서 (①), 좌회전의 원을 그리면서 검끝을 카르트쪽으로 이동하고(②~⑦), 계속해서 우회전의 원을 그리면서 (⑧~⑪), 본래의 식스트 · 앙가쥬망으로 되돌아간다 (⑫). 이것을 일련의 동작으로 재빨리 행한다. 다른 3개의 포지션에도 같은 요령으로 행한다.

● 압상스 · 드 · 페르 Absence De Fer

앙가쥬망의 상태에서 검을 낼 때, 또는 낸 채의 상태.

이 방법은, 식스트의 앙가쥬망(①, 향하는 쪽이 리뉴를 닫고 있다)에서 검을 내는(②) 것에 의해, 식스트의 리뉴를 오픈하는 것이다. 이것은 다른 기본 3개의 리뉴에서도 마찬가지로 행한다. 렛슨 때에 상대에게 퐝트 또는 공격의 찬스를 주기 위하여 사용한다.

● 앙바잇트 Invite

상대에게 공격 또는 퐝트를 시키기 위하여 꼬여내는 것으로, 동작이 압상스 · 드 · 페르와 동일하다. 그러나 리뽀스트 또는 콘트르 · 어텍크를 노린다고 하는 전술적 의미가 들어 있는 것으로 상급자의 시합에서는 전황의 고착 상태를 타개하기 위하여 사용되어지는 것이다.

Attaques Simples
어텍크 · 상쁘르

단순 공격. 즉 단일 동작, 단일 템포로 행하는 공격으로, 퐝트나 프렛슈로 끝난다.

● 쿠 · 드로와 (Coup Droit)

상대의 리뉴 · 우베르(Ligne Ouverte = 영어에서 말하는 오픈 · 라인)에 대해, 직접, 똑바로 행하는 공격이다.

앙가쥬망 · 식스트 ①에서, 상대(우측, B에서는 정면)가 리뉴를 연 순

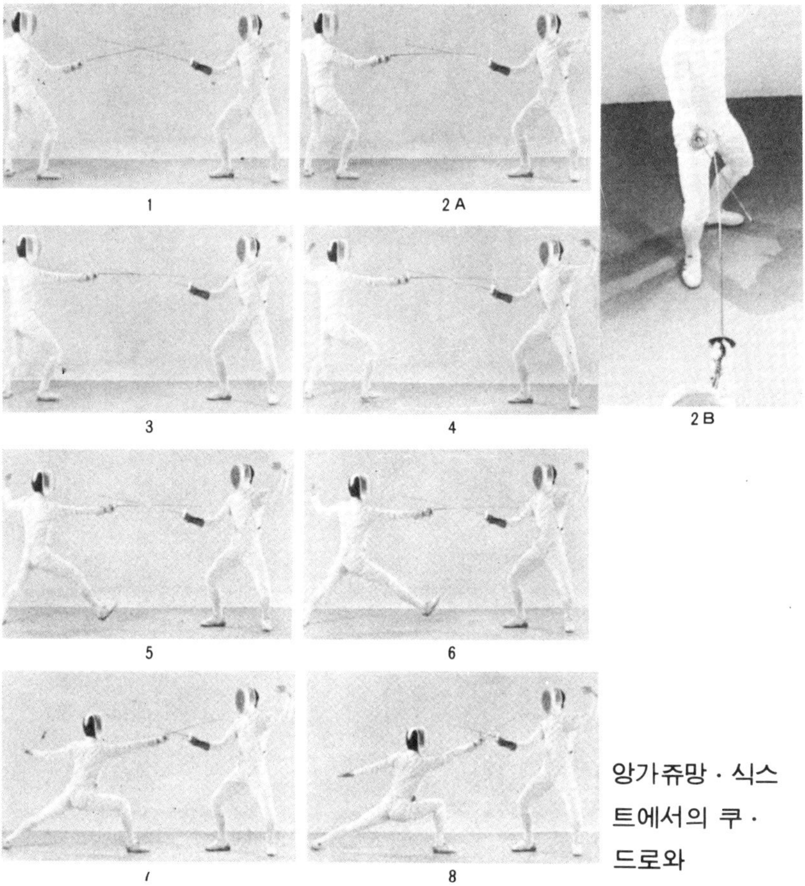

앙가쥬망 · 식스트에서의 쿠 · 드로와

간(②A, B), 검끝으로 유인하듯이 팔을 펴고(③), 계속해서 팡트에 들어간다(④~⑧).

이것은 일렬로 올린 것으로, 통상은, 어느 리뉴로도 행할 수 있게 연습할 필요가 있다.

찌르기 동작의 기본으로서, 팔펴기는 목표를 향하여 칼끝으로 유인하는 요령으로 행하여야 한다. 이것은 다른 어텍크에 있어서도 마찬가지이다.

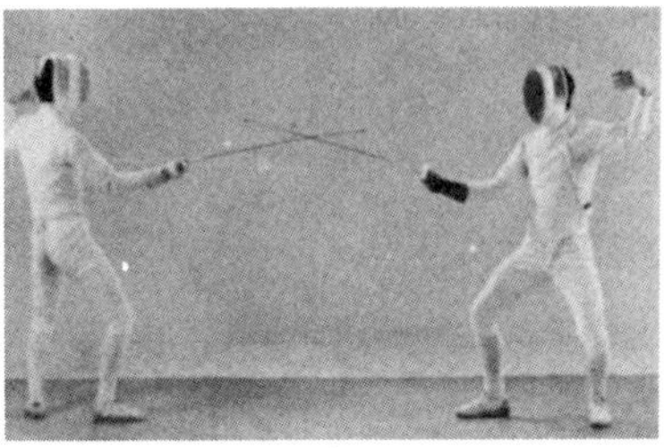

1

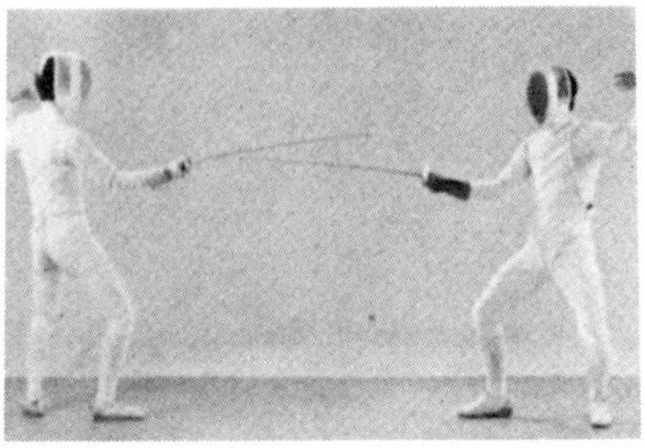

2

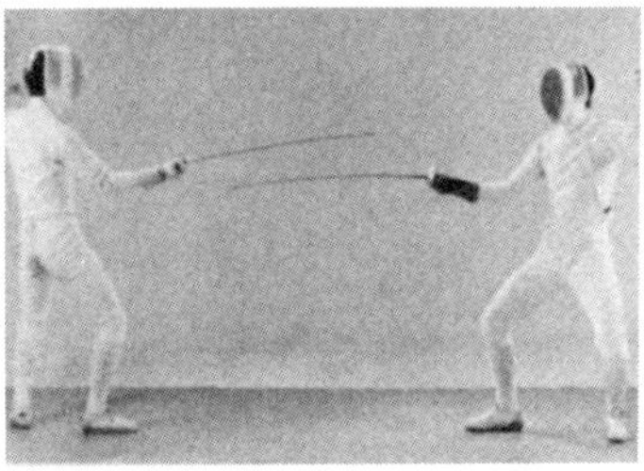

3

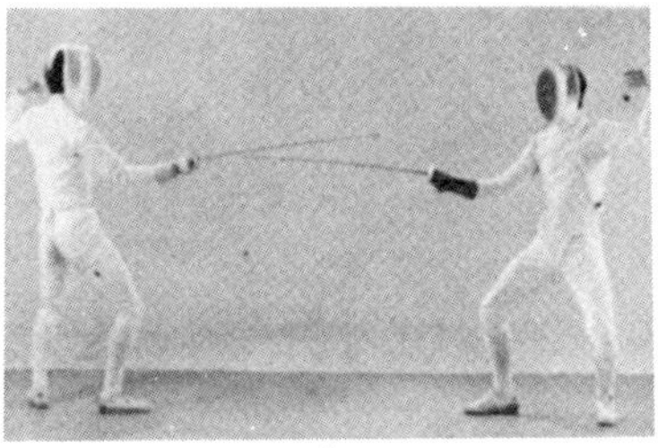

4

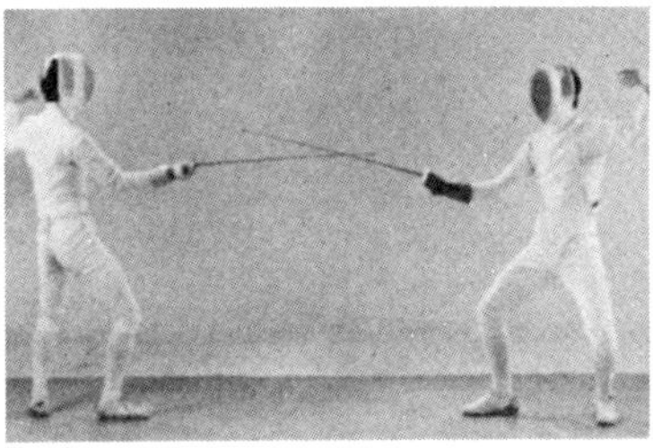

5

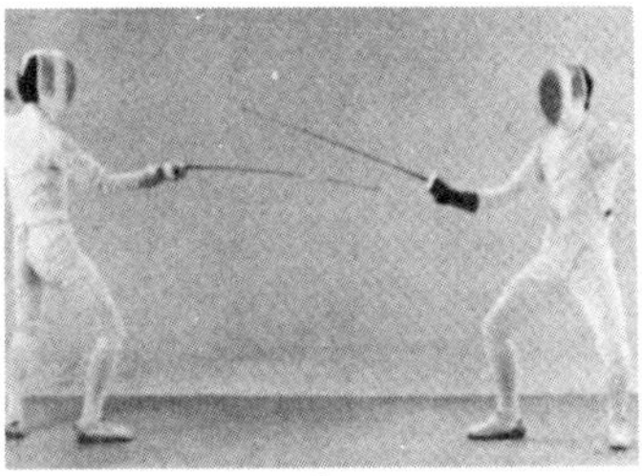

6

7

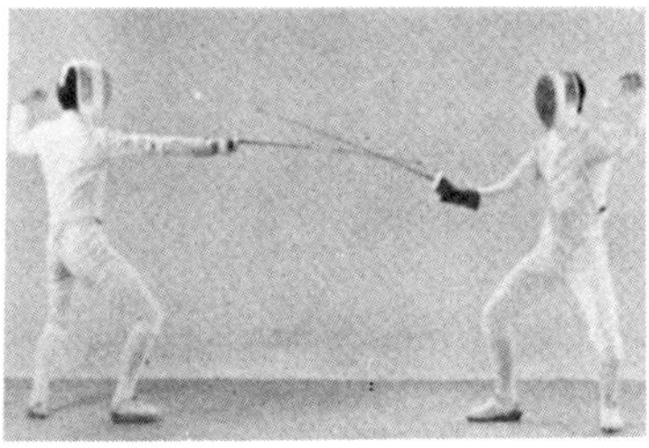

8

● 데가쥬망 Dégagement 데가죄 Dégagez

하나의 리뉴에서, 상대의 검 아래(또는 위)를 통한 다른 리뉴로의 공격이다.

9

10

11

12

13

앙가쥬망 · 식스트에서의 데가쥬망

〈앙가쥬망 · 식스트〉

공격자(왼쪽)가 식스트의 앙가쥬망을 하고(①), 상대가 카르트로 샹쥬망을 하는 (②~④) 곳을 반대의 리뉴(즉, 식스트쪽)로 나선상으로 검끝을 펴고(⑤~⑧), 팡트한다(⑨~⑬).

〈앙가쥬망 · 카르트〉

공격자가 카르트의 앙가쥬망을 취하고(①), 상대가 식스트로 샹쥬망하는 (②~③) 곳을 반대의 리뉴(즉, 카르트쪽)로 나선상으로 검 끝을 펴고 (④~⑧). 팡트한다(⑨ ~ ⑩).

이 경우, 상대의 검끝을 넘을 때는 가능한 한, 거의 스칠 정도로 그리고 날카롭게 잘라 넣듯이 해야한다.

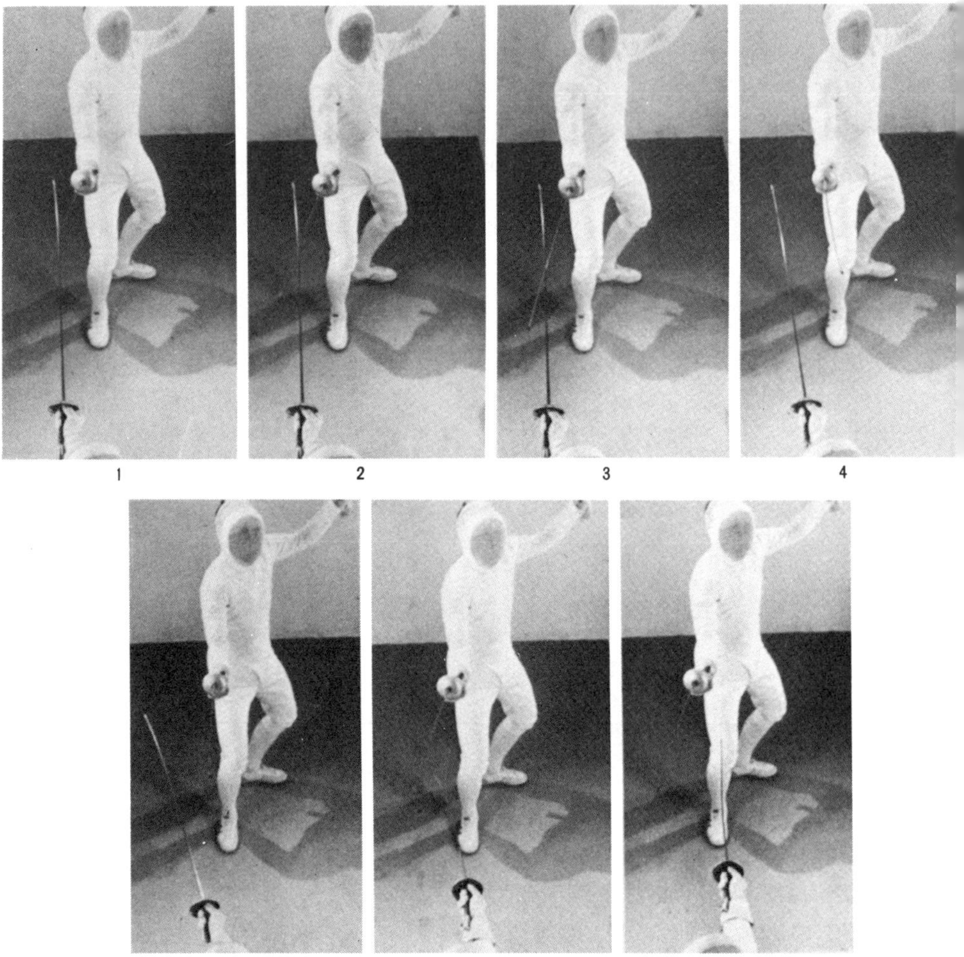

1 2 3 4 5 6 7

● 찌르기의 최종 동작

투슈는 다음에 서술하는 찌르기의 최종 동작의 어느 형이라도 취할 수 있다.

1. 드로와 Droit, 2. 오뽀지숑 Opposition 3. 앙규레르 Angulaire (앙 · 카방 En Cavan 이라고도 한다)의 3가지 방법이 있다. 드로와는

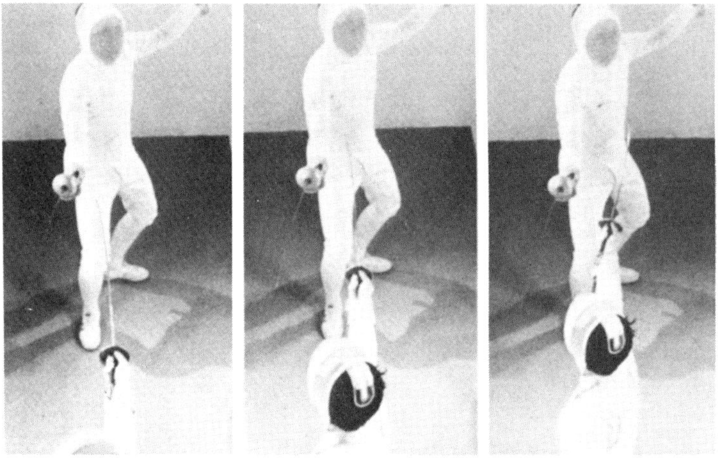

8 9 10

앙가쥬망 · 카르트에서의 데가쥬망

가장 빠르고, 정확하게 찌르는 것이 가능하다. 오뽀지숑은 공격자가 자신의 유효면을 커버해나가면서 행하는 것이 특징이다. 앙규레르(앙·카방)는 상대가 통상의 포지션으로의 방어의 경우, 투슈하는 확률이 높다. 모두 리뉴로의 투슈는 이 3가지 방법으로 행할 수 있다.

● 르쁘리즈 · 드 · 가르드 시의 쿠베르

공격후 준비의 자세로 돌아올 때는, 상대의 검이 있는 리뉴를 닫으면서 돌아오는 방법이, 보다 방어의 안전성이 높다.

사진 ①~⑤는 상대(향한 측)의 검이 공격자의 카르트쪽에 있기 때문에, 카르트 쪽을 쿠베르하면서 돌아오고 있다. 또 사진 ③A~⑤A는 상대의 검이 공격자의 식스트쪽에 있기 때문에, 식스트쪽을 쿠베르하면서 돌아오고 있다. 단지, 돌아올 때에 공격자가 상대의 무쥬르에 있을 때는, 안전성을 확보하기 위하여 상기(앞에서 기록한 것)를 행해야 한다. 그러나 상대가 후퇴하는 등 무쥬르 밖에 있는 경우의 되돌아옴은 통상 식스트나 옥타브의 준비 자세를 취한다.

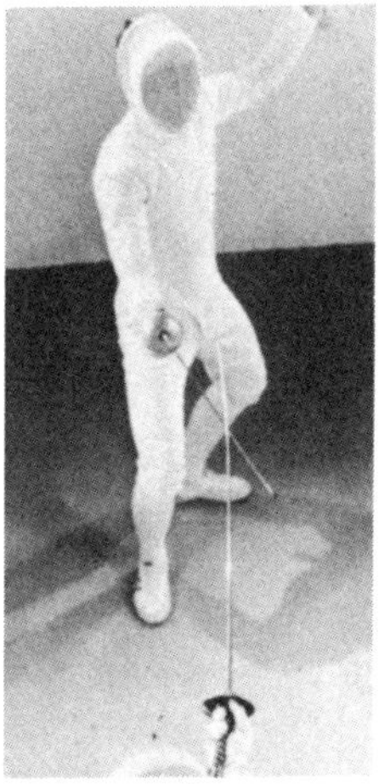
1

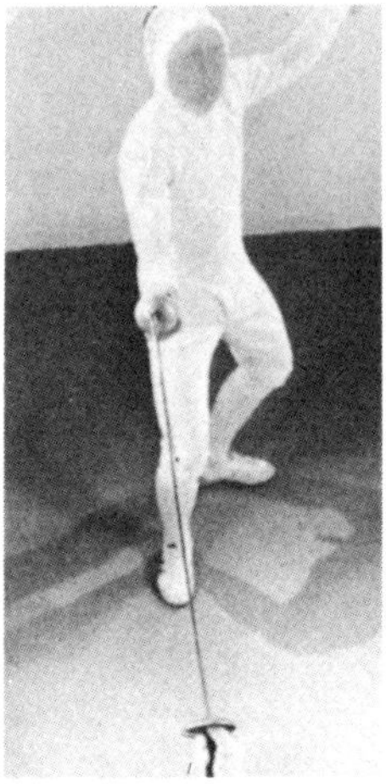
2

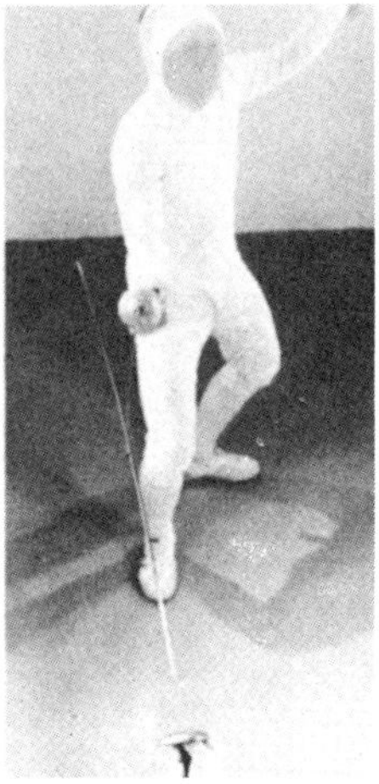
3

1 A

2 A

3 A

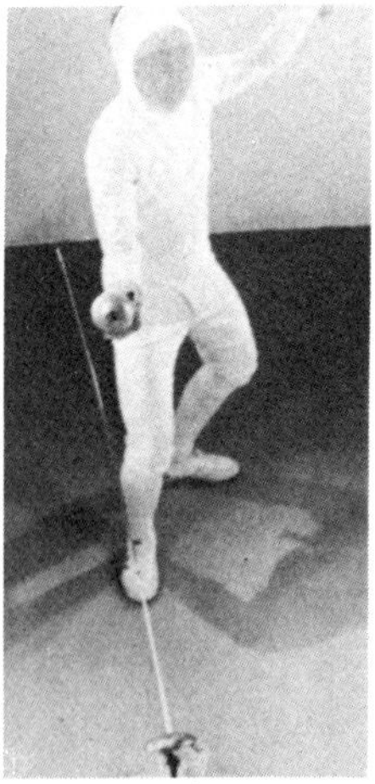
4

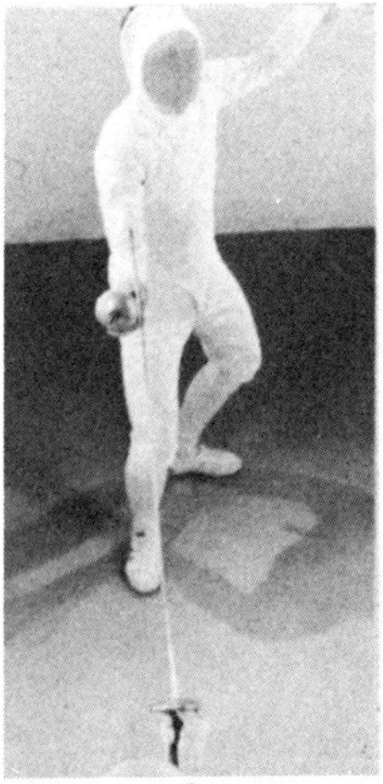
5

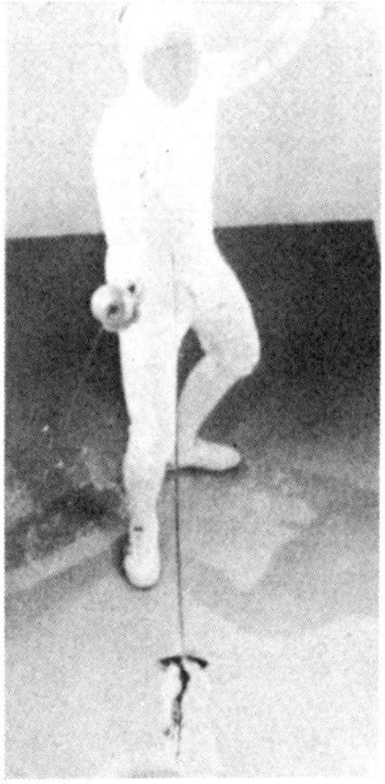
6

4 A

5 A

6 A

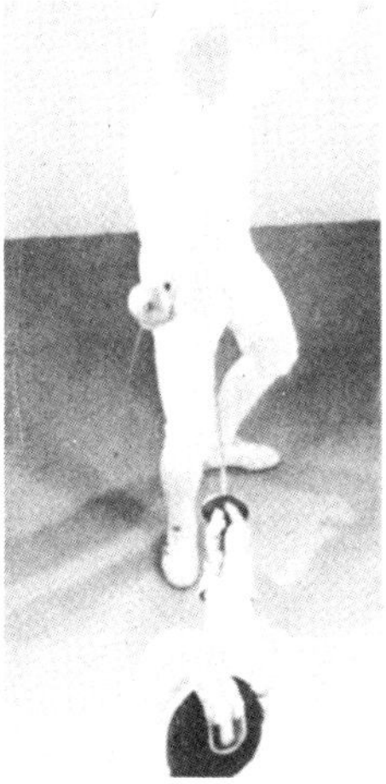
7

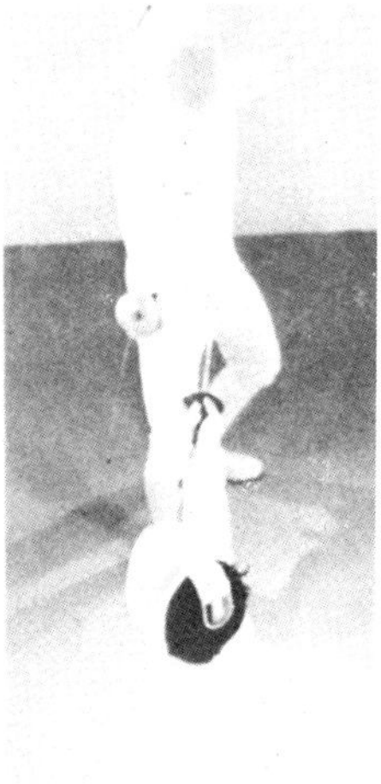
8

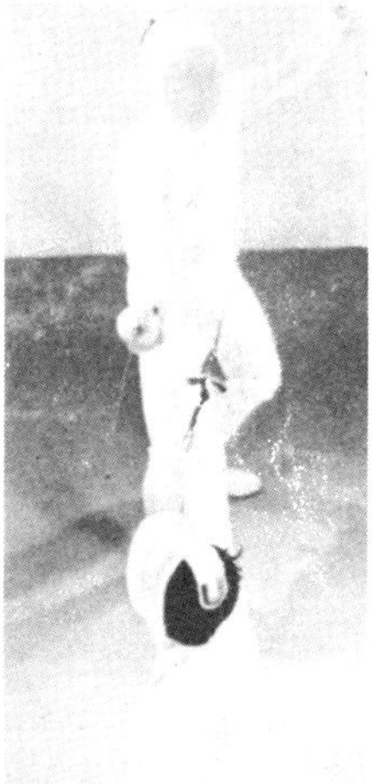
9

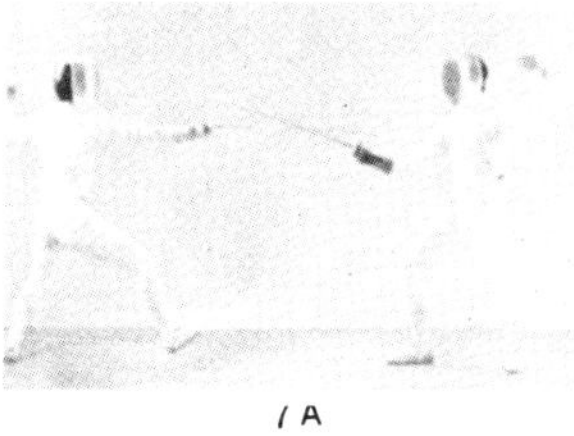
7 A

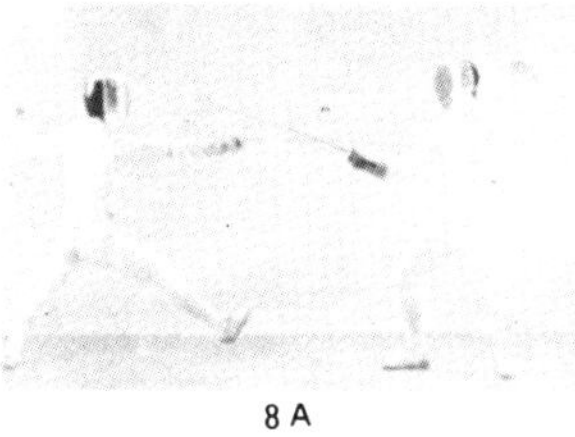
8 A

9 A

앙가쥬망 · 식스트에서의 쿠뻬

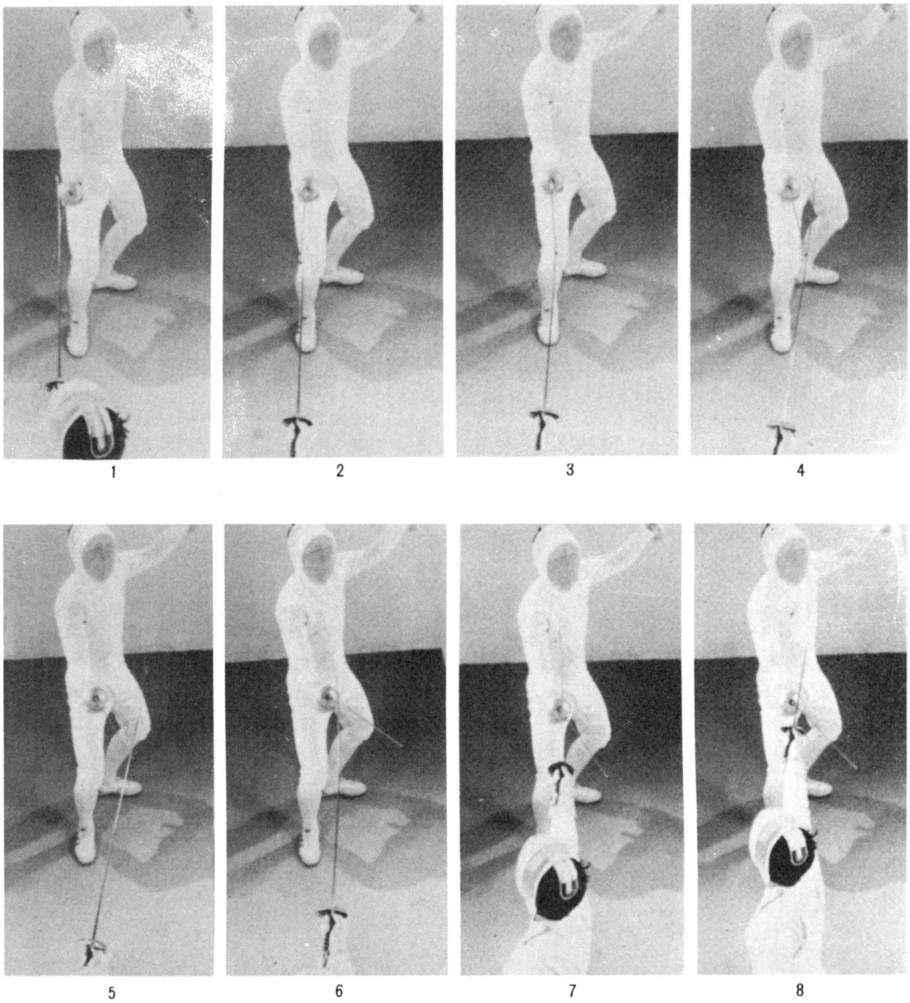

앙가쥬망 · 카르트에서의 쿠뻬

드로와의 카르트

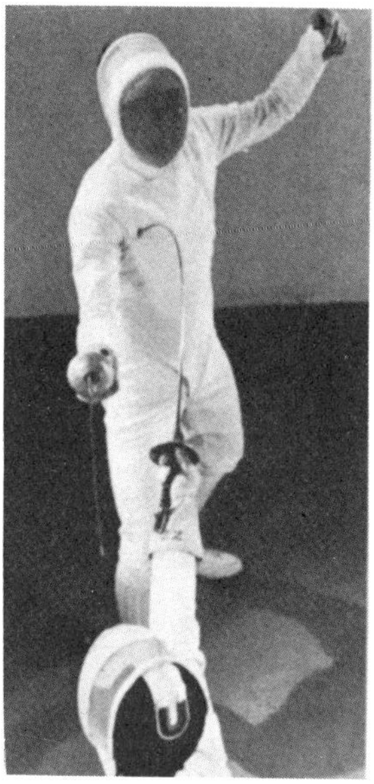

오뽀지숑의 카르트

앙규레르의 카르트

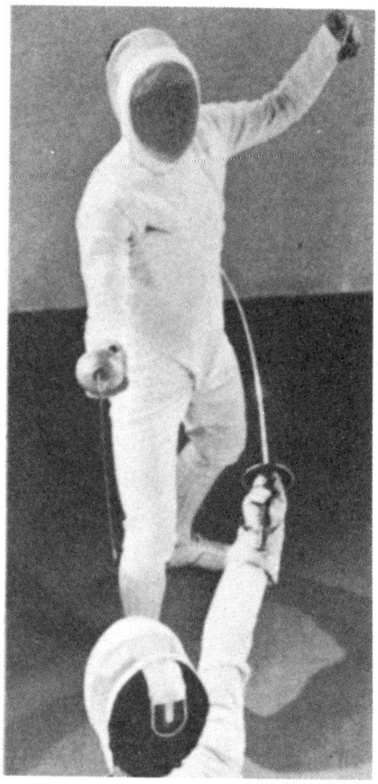

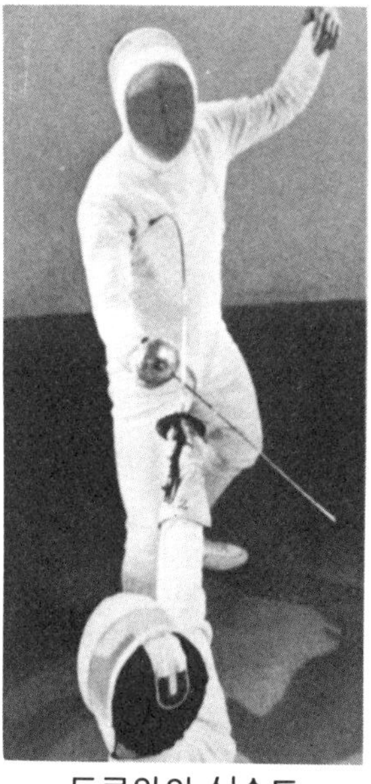

드로와의 식스트

오뽀지숑의 식스트

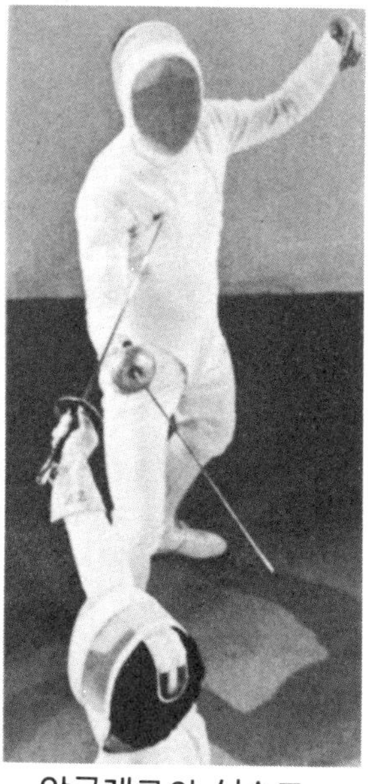

앙규레르의 식스트

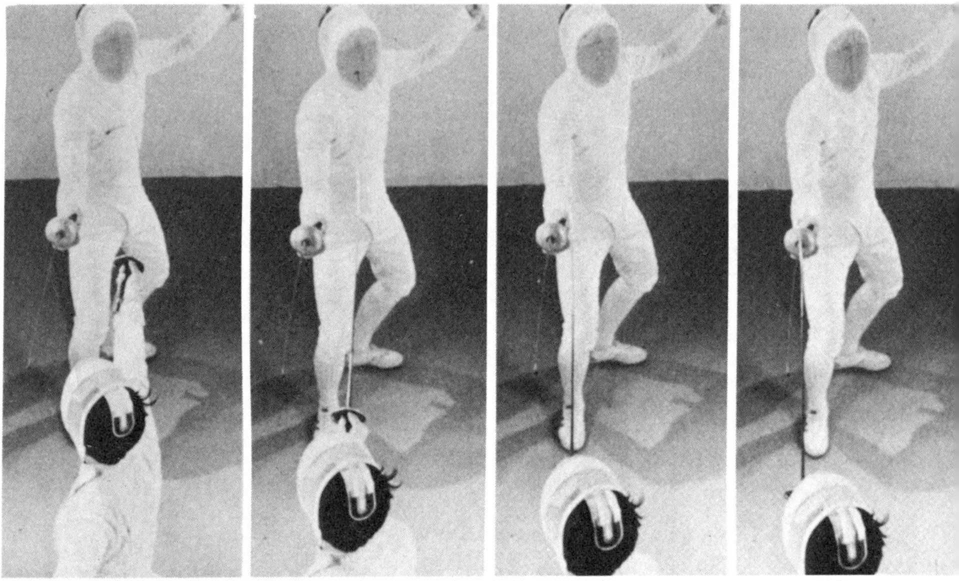

1 2 3 4

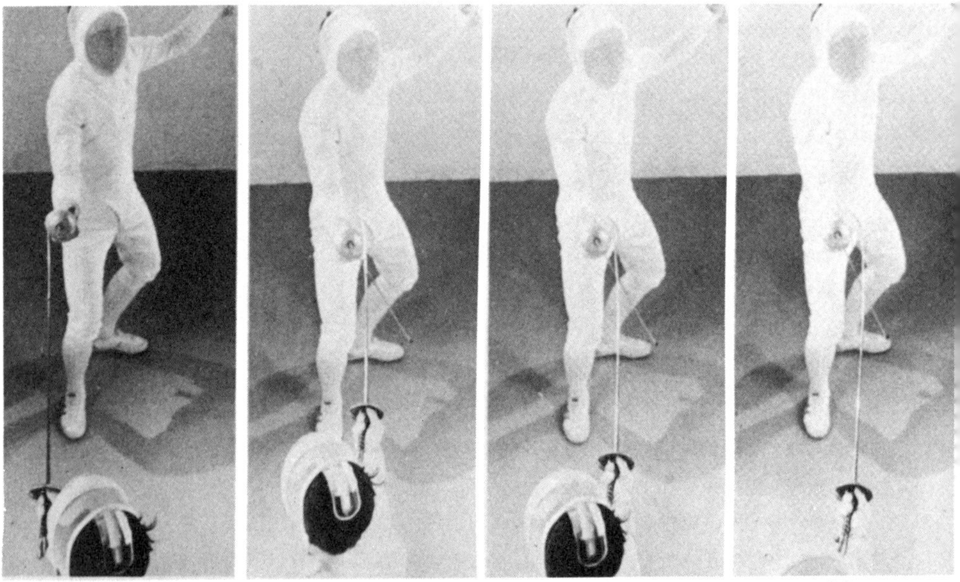

5 3 A 4 A 5 A

르쁘리즈 · 드 · 가르드 시의 쿠베르

Parades Simples
빠라드 · 상쁘르

동일 리뉴로 단일 동작으로 행하는 방어로, 가장 많이 사용되고 있고 8가지의 방법이 있다.

빠라드란, 상대의 공격을 검으로 방어하는 것으로, 상쁘르, 콩뽀제(composé), 콘트르(contre), 앙·세당(En Cêdant)의 4가지 방법이 있다. 그중, 빠라드·상쁘르가 가장 많이 사용되고 있고, 8가지 방법이 있다. '앙가쥬망'의 항(P. 62)에서 서술했듯이, 슈삐네숑으로 행하는 기본 4가지 방법부터 들어간다. 초심자끼리는 이것으로 모든 리뉴의 공격을 방어할 수 있으나, 기술이 향상함에 따라 쁘로나숑의 방어도 점차 연습하는 것이 좋다. (이하는 연습 시에 있어서 일반적인 방법으로서의 설명 사진)

● 빠라드 · 카르트 Parade Quarte

무쥬르로 서로 향하여(이하 같음) 방어자가 식스트의 앙가쥬망을 취한다. 상대가 카르트로 데가쥬망해 오는 것에 대하여, 검을 재빨리 카르트의 뽀지숑으로 이행시킨다. 이 경우 가아드와 검끝은 준비의 위치보다 내려가지 않도록 해야한다. 또 손바닥은 안으로 돌리지(쁘로나숑) 않도록 할 것. 사진으로 보듯이 방어자의 검의 페브르는 상대의 가아드의 밖쪽에 위치하는 것에도 주의를 필요로 한다. 이것이 충분하지 않으면, 말빠라드(Mal Parade = 불완전 방어)가 되는 경우가 있다. 또 극단적으로 밖쪽으로 내면, 리뽀스트(Riposte 되 찌르기)의 성공률이 낮아지고, 동시에 반대쪽의 리뉴를 상대에게 빼앗기는 것이 된다. 상대가 앙규레르의 공격을 해 오는 경우는, 가아드를 움직이는 것이 아니다. 페브르를 더욱 상대의 가아드의 밖깥쪽으로 낸다.

● 빠라드 · 식스트 Parade Sixte

카르트의 앙가쥬망으로 서로 향하여, 상대가 식스트로 데가쥬망해 오는 것에 대하여, 검을 재빨리 식스트의 뽀지숑으로 이행시킨다. 손바닥은 완전히 슈삐네숑의 상태를 유지할 것.

빠라드・식스트로는 상대의 찔러오는 각도가 카르트의 경우와 다르기 때문에, 페브르를 자신의 가아드의 중심에 의해 밖깥쪽으로 낼 필요가 없다. 검끝은 눈의 높이에 두고, 상대의 몸의 사이드와 거의 같은 것이 좋다. 왼손잡이인 상대에 대한 빠라드・식스트는, 오른손잡이 사이의 빠라드・카르트와 마찬가지로, 페브르를 상대의 가아드의 밖깥쪽으로 낼 필요가 있다.

●빠라드・셉팀 Parade Septime

카르트의 앙가쥬망으로 서로 향하고, 상대가 세쁘라임의 리뉴로 데가쥬망해 오는 것에 대해, 검끝으로 반원을 그리면서 검을 셉팀으로 이행시킨다. 따라서 가아드는 아래로 향하게 된다. 검끝은 상대의 무릎에서 옆구리 사이에 둔다. 페브르는 상대의 가아드 보다 밖깥쪽으로 낸다.

●빠라드・옥타브 Parade Octave

식스트의 앙가쥬망으로 서로 향하고, 상대가 옥타브의 리뉴로 데가쥬

명심판, 바지다
(프랑스)

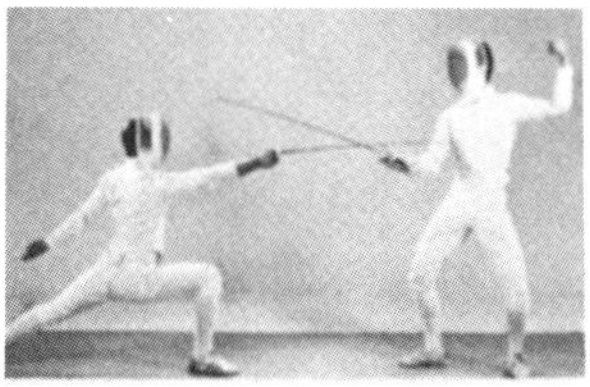

빠라드 · 카르트

빠라드 · 식스트

빠라드 · 셉팀

망하며 들어오는 것에 대하여, 가아드는 같은 위치인 채 검끝으로 반원을 그리면서 검을 옥타브의 뽀지숑으로 이행시킨다. 이경우도 가아드는 위로 향하게 된다. 엄지가 붙어 있는 부분과 검의 관계는 빠라드 · 식스트의 경우와 마찬가지이다. 셉팀, 옥타브의 빠라드에서는 팔을 내리고 빠라드하는(가아드가 아래로 움직인다)것을 피한다.

이하는 쁘로나숑에 의한 4가지 방법의 방어법이다.

● 빠라드 · 킨트 Parade Quinte

식스트의 앙가쥬망에서, 상대가 카르트의 리뉴로 데가쥬망해 오는 것에 대해, 손바닥을 안으로 돌리면서 검을 킨트의 뽀지숑까지 이행시킨다. 빠라드 · 카르트보다 칼끝이 조금 위로 향하게 하고, 페브르는 상대의 가아드보다 밖깥쪽으로 낸다.(셉팀 참조)

빠라드 · 킨트

빠라드 · 티에르스

빠라드 · 쁘림

이 빠라드는 빠라드 · 카르트보다도 강하게 방어하는 것이 가능하고, 검을 잡은채 상대의 옆구리나 등으로 되 찌르기(쿠로와제 Croi sé, 후술)가 용이한 반면, 카르트로의 리뽀스트는 손바닥을 슈삐네숑으로 되돌리면서 행하지 않으면 안되기 때문에 킨트를 기억하도록 하지 않으면 여러 가지의 피해가 생긴다.

●빠라드 · 티에르스 **Parade Tierce**

카르트의 앙가쥬망에서, 상대가 식스트에 리뉴로 데가쥬망해 오는 것에 대해 손바닥을 안쪽으로 돌리면서 검을 티에르스의 뽀지숑으로 이행시킨다. 빠라드 · 식스트보다 검끝이 조금 위로 향하게 된다.

이 빠라드는, 가끔 왼손잡이인 상대의 공격에 대처하는 이외에는, 현재의 플뢰레에서는 거의 사용하지 않고 있다.

● 빠라드 · 쁘림 Parade Prime

식스트의 앙가쥬망에서, 상대가 안쪽의 리뉴로 데가쥬망하여 오는 것에 대해, 검끝으로 반원을 그리면서 검을 쁘림의 뽀지숑으로 이행시킨다. 이 경우, 인지의 손가락의 줄기가 가장 밖으로 나온다.

이 빠라드는 전기검의 등장에 의해 전혀 사용하지 않던 시기가 있었다. 그러나 소련의 슈베슈니코프 선수가 리뽀스트의 방법으로 다양성을 더하여 사용하여 세계 챔피온(1962년)이 되었기 때문에 각국의 선수가 많이 사용하게 되었다.

● 빠라드 · 스콩드 Parade Secode

식스트의 앙가쥬망에서, 상대가 옥타브(스콩드)의 리뉴로 데가쥬망해 오는 것에 대해, 가아드의 위치는 그대로 손바닥을 안쪽으로 돌리면서 검끝으로 반원을 그리며, 검을 스콩드의 뽀지숑으로 이행시킨다. 손바닥을 안쪽으로 돌릴 때 팔꿈치가 밖깥쪽으로 나오지 않도록 할 것.

상대가 깊이 빠져 들어 오듯이 공격을 할 경우, 빠라드 옥타브로는 리뽀스트하기 어렵다. 상급자는 이 빠라드에서 동등으로 리뽀스트를 행하고 있다.

빠라드 · 옥타브

빠라드 · 스콩드

몬트리올 · 올림픽의 열전

Ripostes
리뽀스트

빠라드에서의 공격으로,방법은 어택(공격)의 종류에 준한다. 명령형은 리뽀스테(Ripostez).

● 빠라드 · 카르트에서의 리뽀스트

〈리뽀스트 · 상쁘르 · 디렉트〉

——— 빠라드한 것과 동일 리뉴에의 단일 동작에 의한 리뽀스트

1. 드로와

상대(우측)의 공격을 카르트로 받고(①), 검끝을 상대의 유효면으로 향하면서(②~④), 팔을 펴고 투슈한다(⑤~⑧).

이 리뽀스트는 가장 많이 이용되는 기(技)로, 초심자는 이것을 정확하고 스피드하게, 검끝으로 상대의 유효면에 이행하도록 충분히 연습할 필요가 있다. 특히, 이 리뽀스트는 팔의 동작만으로 행한다. 팡트를 동반하는 경우는 확실하게 거리가 멀 때이다.

처음부터 발을 동반하거나 리뽀의 연습을 해서는 안된다. 왜냐하면 손의 스피드가 팡트에 일치하여 빠른 리뽀스트가 불가능한 것이 이유의 하나. 다음에 팔을 편것 만으로 충분한 거리인데도 발을 내디디는 나쁜 버릇이 붙어, 무효면(마스크나 팔)을 투슈해 버린다. 또 상대에게 르미즈(Remise,후에 기술)를 허락하기 쉬운 마이너스 면도 있다. 다만 상급자는 전술적 의미에서 팡트를 동반하여 행하는 경우가 있다.

〈리뽀스트 · 상쁘르 · 앙디렉트〉

——— 빠라드한 것과는 반대의 리뉴로 단일 동작에 의한 리뽀스트

1. 데가쥬망

빠라드 · 카르트에서 (①), 공격자(우측)가 빠라드 · 카르트를 행하는 때 검끝을 식스트쪽으로 이행시킨 다음(②, ⑧), 팔을 펴고 투슈한다(P. 93).

2. 쿠뻬

빠라드 · 카르트에서(①), 공격자(우측)가 빠라드 · 카르트할 때 쿠뻬한다 (②~⑤). 상대의 검 끝을 넘는 순간(⑥), 팔을 펴고 투슈한다(⑦~⑧). (P. 94) 이 두개의 리뽀스트는 공격후 반격적으로 빠라드

1

2

3

4

5

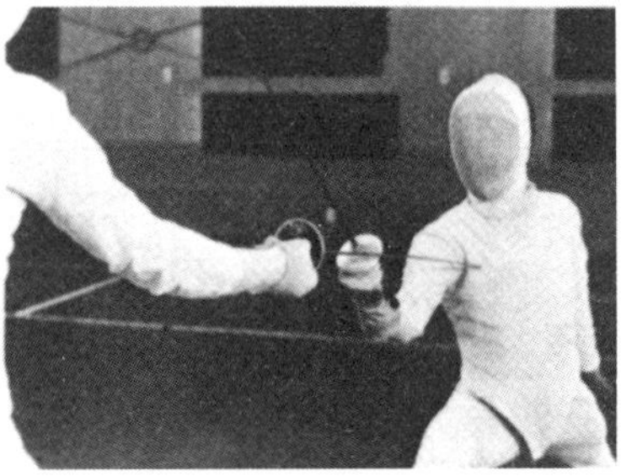

6

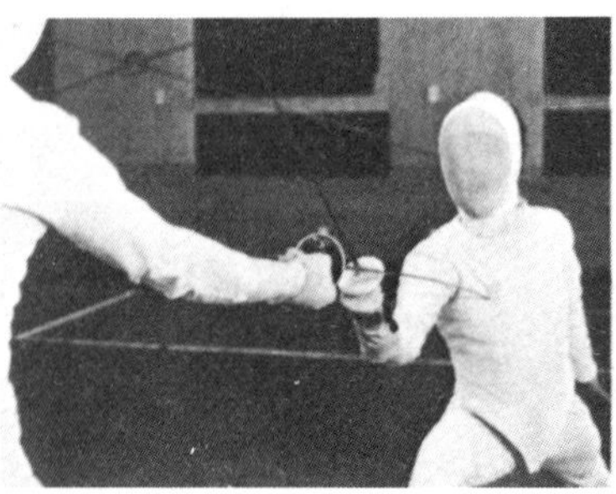

7

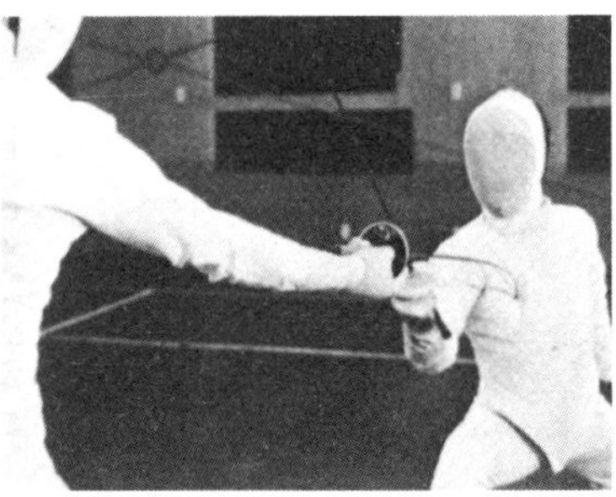

8

카르트의 드로와

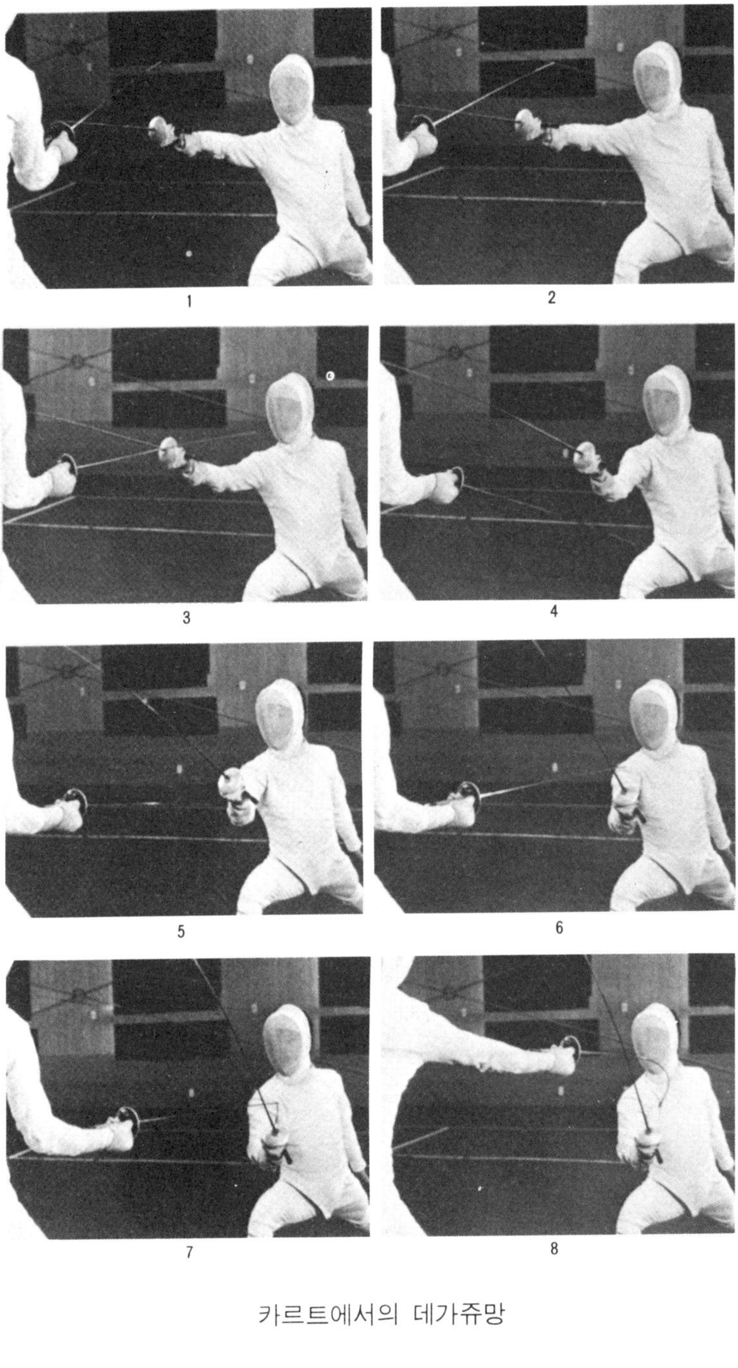

카르트에서의 데가쥬망

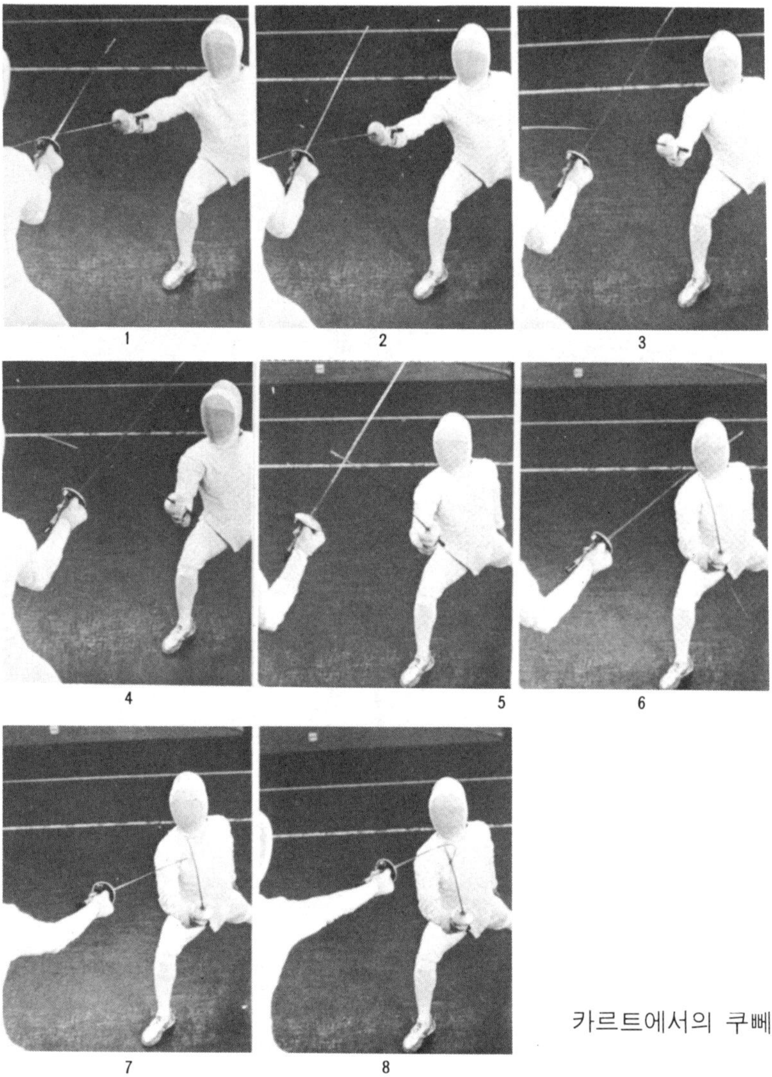

카르트에서의 쿠뻬

· 카르트를 하는 버릇이 있는 상대에게 사용한다.

〈리뽀스트 · 콩뽀제〉

——— 빠라드한 위치에서의 복합 공격에 의한 리뽀스트 ———

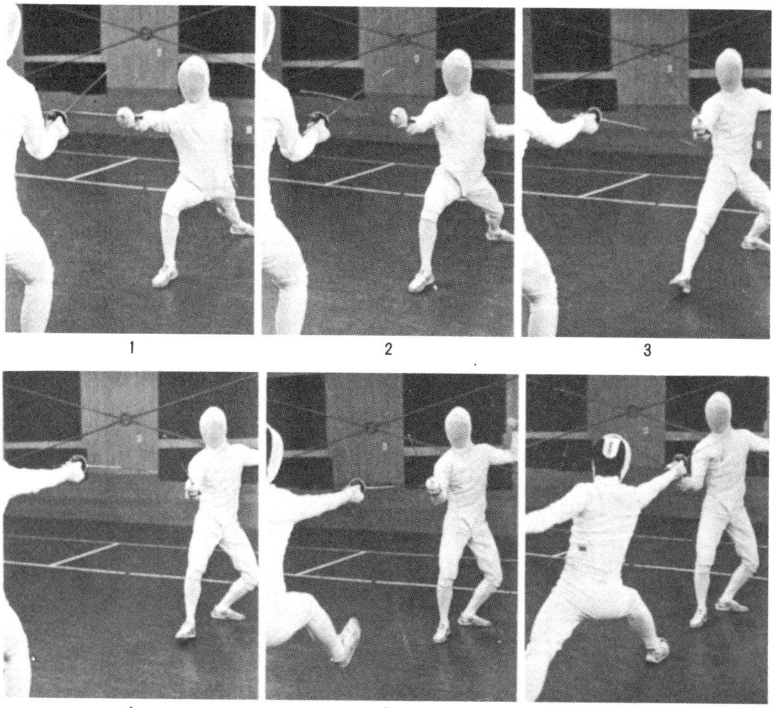

1 2 3

4 5 6

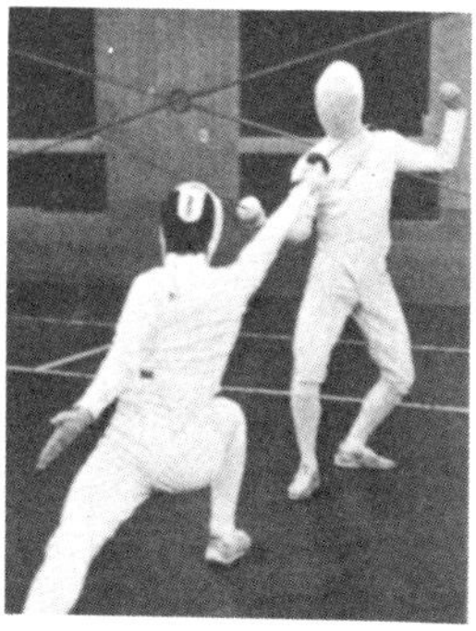

7

카르트에서의 유누·두

1. 유누·두

카르트의 위치에서 (①), 앙·가르드로 되돌아와 상대(우측)에 대해, 식스트쪽으로 팔을 펴고 팡트 (②~④). 상대의 빠라드·식스트

프렛슈에 대하여, 몸을 비틀면서 쁘림의 리뽀스트

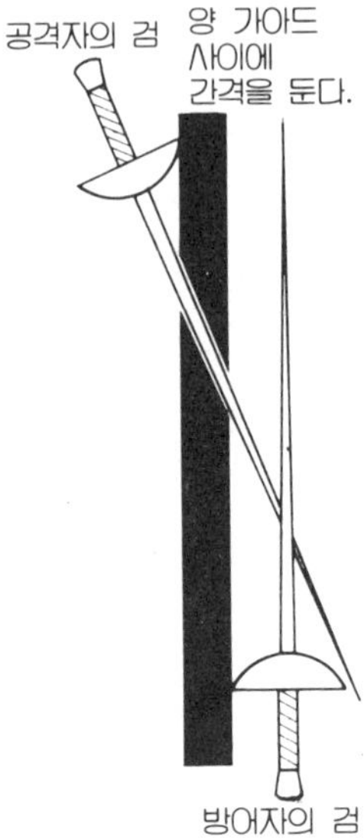

빠라드 · 식스트

를 트롱쁘망하여 팡트에 들어간다(P. 95). 리뽀스트 · 콩뽀제는 유누 · 두 외에도 다수(어텍, 콩뽀제와 같은 수) 있는데, 상대가 재빨리 앙 · 가르드로 되돌아가거나, 방어자가 후퇴하기 위해 팔만으로 다다르지 않는 거리에 있을 때 사용해도 좋다.

팔을 펴면 닿는 거리에서 많이 사용하면, 상대에게 르미즈될 위험성이 있다. 방법은 어텍 · 콩뽀제와 동일의 요령인데 리뽀스트로써 사용하는 경우는, 어텍시 보다도 상체가 팔보다도 먼저 내기 쉽다. 이것을 고려에 넣고, 바른 수행이 가능하도록 충분히 연습할 필요가 있다.

● 빠라드 · 식스트에서의 리뽀스트

〈리뽀스트 · 상쁘르 · 디렉트〉

1. 드로와

빠라드 · 식스트의 위치(①)에서, 검을 상대(우측)의 유효면에 향하면서(②~④), 팔을 편다(④~⑥). (P. 97) 이 리뽀스트로 중요한 것은 팔을 펼 때에 자신의 가아드가 안쪽으로 들어가지 않도록 주의

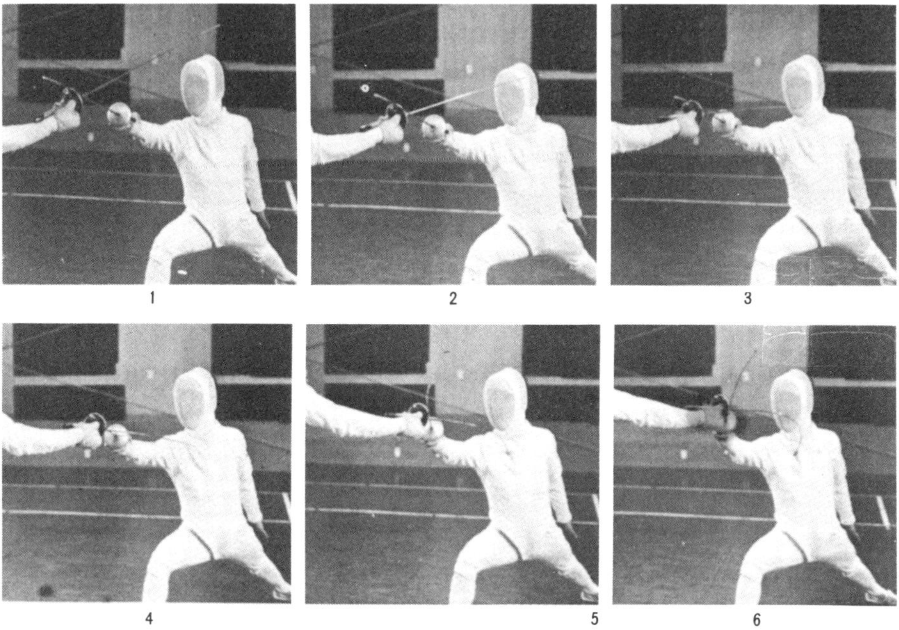

식스트에서의 드로와

한다. 즉 가아드를 그림과 같은 위치에 놓는 것이다. 상대의 가아드와 부딪칠 듯이 무효면을 투슈하든지 빠스(Passe＝검신이 상대의 유효면에 따라 미끌어지는 상태, 혹은 상대에게 스치지 않고 검이 지나가 버리는 것) 연습 중에 공격자는 팔을 편 채로 상대의 리뽀스트를 받듯이 하는 것이 좋다. 이 방법이 보다 실제적인 감각으로 리뽀스트를 기억할 수 있다.

〈리뽀스트 · 상쁘르 · 앙디렉트〉

1. 데가쥬망

빠르드 · 식스트로 받는다(①).

가아드는 그대로, 검끝을 상대(우측)의 카르트쪽으로 이동시키고(②～③), 검끝을 상대의 유효면으로 향하면서 팔을 편다.

사진으로는 공격자가 빠라드 · 식스트를 행하고 있는데, 실제로는 상대가 빠라드하든,하지않든 관계없이 리뽀스트를 행하는 경우가 생긴다.

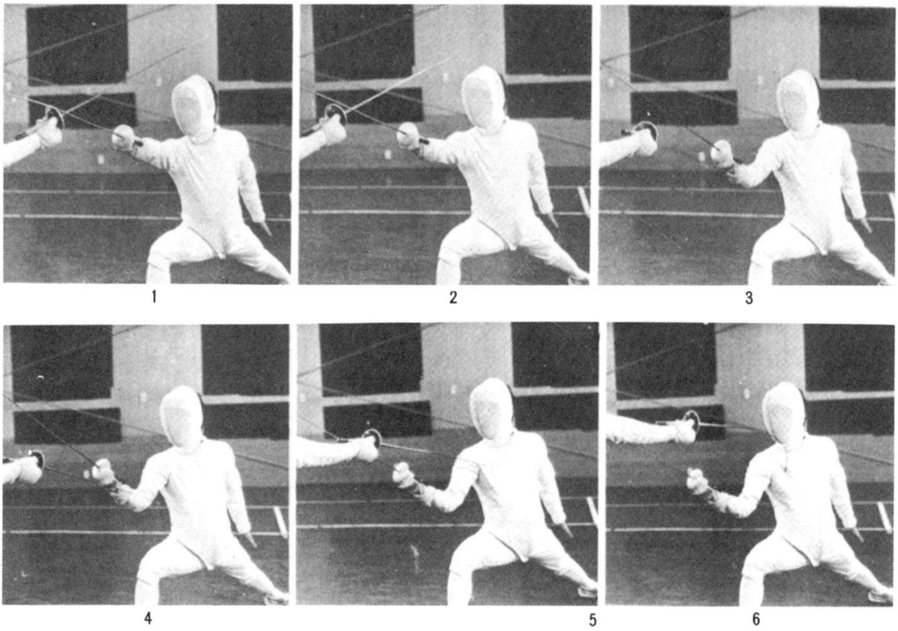

식스트에서의 데가쥬망

●빠라드 · 옥타브에서의 리뽀스트

〈리뽀스트 · 상쁘르 디렉트〉

1. 드로와

빠르드 · 옥타브(①)에서, 검끝을 상대(우측)의 유효면으로 향해 팔을 편다(②~⑤). 이리뽀스트의 주의 사항은, 빠라드 · 식스트에서의 리뽀스트의 '드로와'의 항과 같다.

〈리뽀스트 · 상쁘르 · 앙디렉트〉

1. 데가쥬망

빠라드 · 옥타브(①)에서, 검끝을 상대(우측)의 식스트의 리뉴로 향한 다음(②~④), 팔을 편다(⑤).

이 리뽀스트에서는 검끝이 목표에 향하기까지 팔을 펴지 않는다. 팔을 펴면서 검끝을 이행시키면 상대의 가아드에 걸리거나, 무효면을 투슈하거나 하는 식이 된다.

1 2 3

옥타브에서의 드로와

4 5

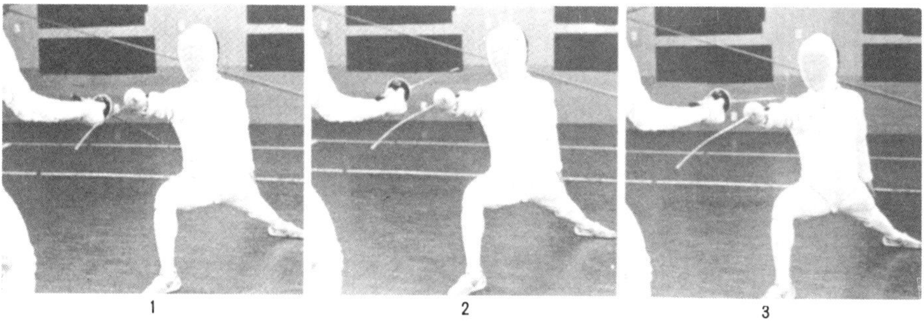

1 2 3

옥타브에서의 데가쥬망

4 5

1 2 3

셉팀에서의 드로와

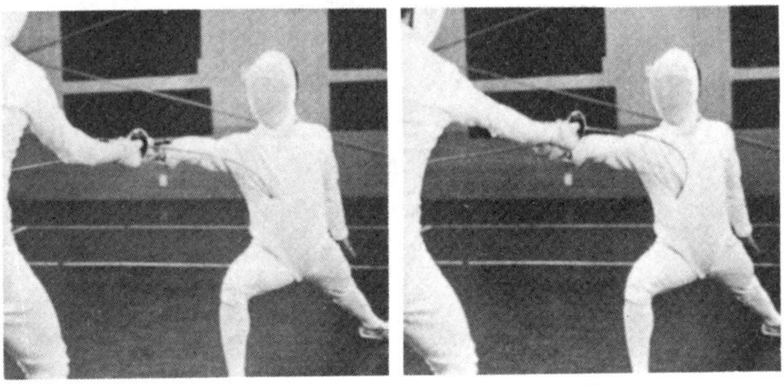

4 5

●빠라드 · 셉팀에서의 리뽀스트

〈리뽀스트 · 상쁘르 · 디렉트〉

1. 드로와

빠라드 · 셉팀 ①에서, 검끝을 상대의 유효면으로 향하여 (②~③), 팔을 편다(④~⑤). 셉팀에서의 리뽀스트는 상대의 카르트 또는 셉팀의 리뉴로도 구애될 필요는 없다.

●그 외의 리뽀스트

〈빠라드 · 카르트에서의 슈르 · 르 · 페르 Sur Le Fer〉

——상대의 검에 따른 리뽀스트——

빠라드 · 카르트하고(①), 그 위치에서 검끝을 상대(우측)의 유효면으로 향하면서(②~③), 상대의 검에 따라 팔을 편다 (④~⑥). 그 직전의 자신이 가아드의 움직임(똑바로 앞에 선다)을 나타내는 것이 이 그림이다 (P. 78). 빠라드 · 식스트에서의 리뽀스트 · 상쁘르 · 디렉트는 결과적으로 슈르 · 르 · 페르가 되며, 카르트의 이 리뽀스트와 합쳐져, 후에 기술할 쁘리즈·드·페르 중의 오뽀지숑과 비슷한 형을 취한다. 이 리뽀스트를 사용하는 것으로 상대 르미즈의 찬스의 대부분을 봉하는 것이 가능하다.

〈빠라드·카르트에서의 앙·카방 En Cavant〉

——각도를 잡거나 하는 리뽀스트——

빠라드·카르트에서 (①), 검끝을 상대(우측)의 유효면으로 향하면서 (②～③), 팔을 펴 붙여 가아드를 밖쪽으로 이행시킨다 (④～⑦). 이 리뽀스트의 특징은 상대가 통상의 빠라드를 행하여 투슈를 취하는 것에 있다.

각도를 가까이 하기 위해서 리뽀스트의 직전에 두미·팡트 (Demi—Fente, 앞발의 내디딤이 통상의 3분의 1에서 3분의 2 정도의 팡트)를 동반하는 편이 좋은 경우도 있다.

〈빠라드·카르트에서의 쿠뻬·두수〉

——쿠뻬에 의한 하부로의 리뽀스트——

빠라드·카르트에서(①), 쿠뻬하고(②), 검끝을 상대(맞은편 쪽)의 유효면으로 향하면서 팔을 편다 (③～④). (P.105) (이 리뽀스트의 요령은 빠라드·카르트에서의 리뽀스트 '쿠뻬'의 항 참조)

〈빠라드·식스트에서의 두수〉

무기 검사

가아드는 직진한다

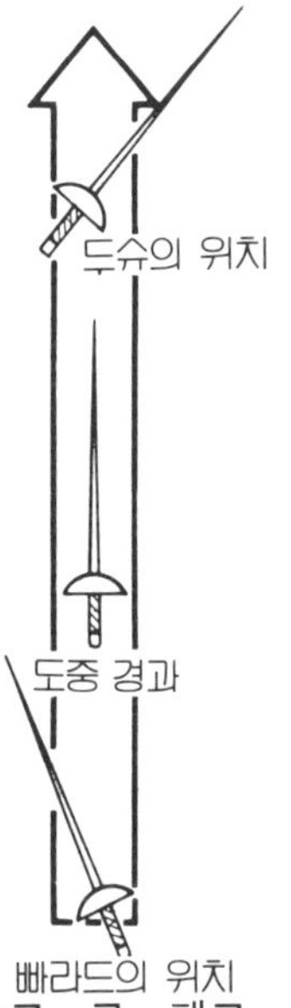

슈르 · 르 · 페르

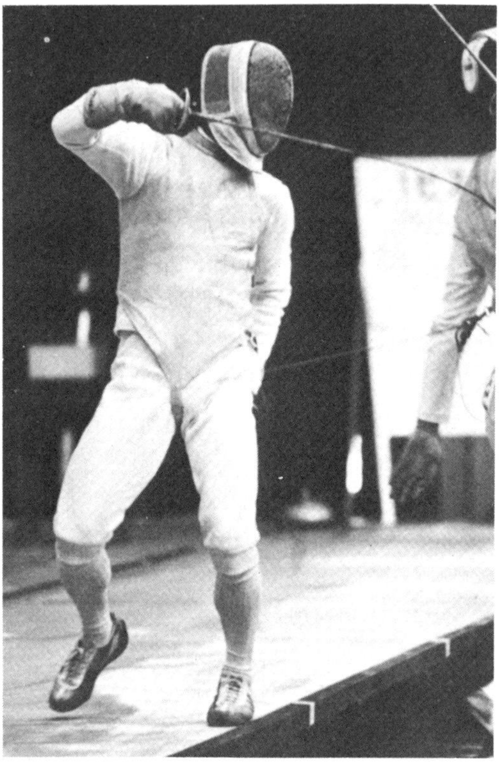

1

2

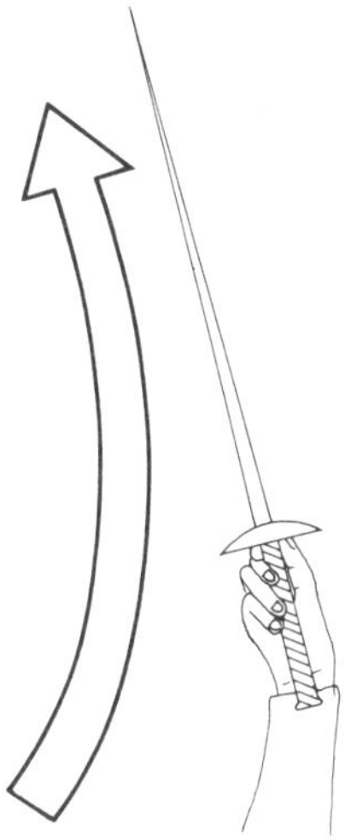

앙 · 카방

각도를 가까이 리뽀스트의 변형으로 한다.

3

4

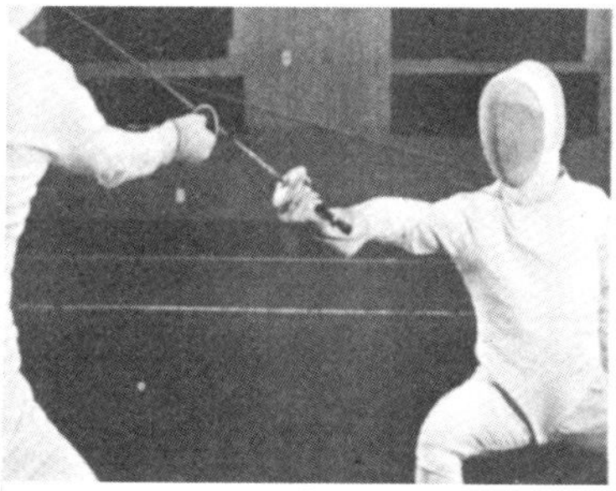

5

6

카르트에서의 슈르 · 르 · 페르

—— 하부로의 리뽀스트 ——

빠라드 · 식스트에서 (①), 검끝을 상대 (향한 측)의 유효면의 하부를 향하면서 (②～④), 팔을 편다 (⑤～⑥).

이 리뽀스트는 빠라드할 때 공격자의 가아드가 높은 위치에 있든가, 또는 상대의 팔에 힘이 들어가 있는 채로 되어 있을 때 사용하면 효과적이다.

1

2

3

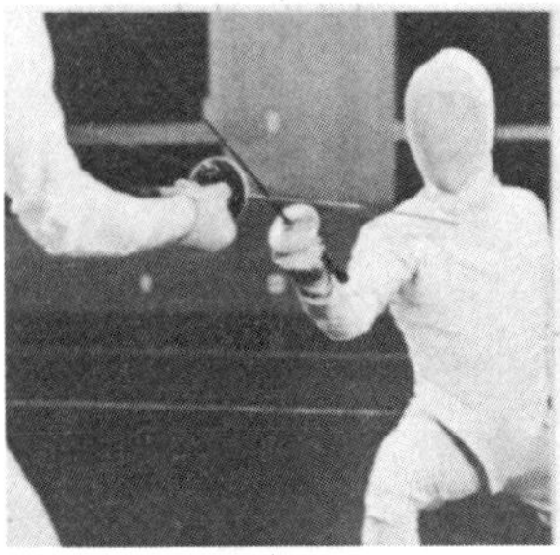
4

5

6

카르트에서의 앙 · 카방

7

〈빠라드 · 카르트에서의 프렛슈〉

상대(우측)의 공격을 후퇴하면서 빠라드하고(①～④), 프렛슈로 투슈한다. 사진에서는 빠라드 · 카르트에서 행하고 있지만 빠라드 · 식스트에서도 가능하다. 이 리뽀스트는 후퇴하는 것에 의해 빠라드를 보다 정확하게 할 수 있다. 그 직전 중심을 앞에 남기고(사진 ④ 참조) 재빨리 프렛슈 가능한 태세를 만들어 두는 것이다.

1 2 3

4

카르트에서의 쿠뻬 · 두수

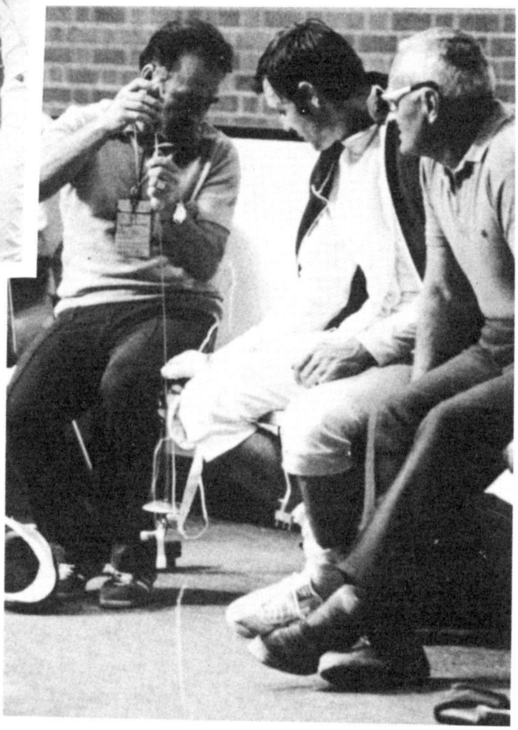

시합 전의 신중
한 무기 검사

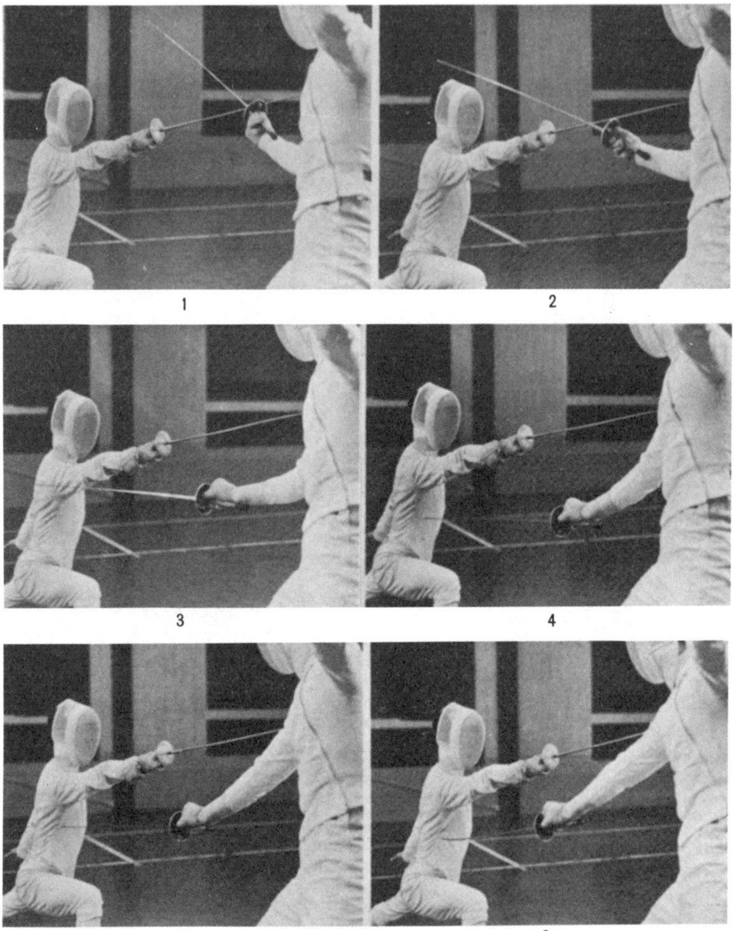

식스트에서의 두수

그리고 빠라드를 보다 확실한 것으로 하기 위해서는 명확한 가아드의 뽀지숑을 취하는 것이 제 1이지만 통상 후퇴를 동반하는 편이 좋다. 다만 팔만의 리뽀스트로 투슈할 수 없는 거리까지는 내려가지 않는다. 그리고 리뽀스트는 결코 후퇴하면서 행하는 것이 아니다.

고교 선수권
에서의 열전

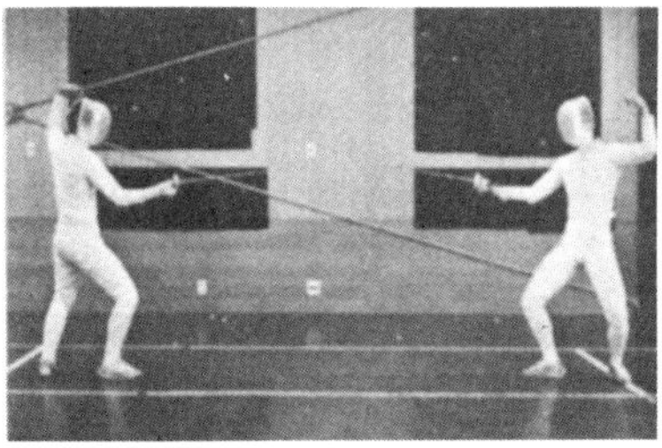

1

2

3

4

카르트에서의 프렛슈

5

Parades Contres
빠라드 · 콘트르

너무 리뉴로의 공격을 직접 방어하는 것이 아니라, 자신의 검으로 원을 그리면서 상대의 반대 쪽의 리뉴로 이행시키는 방어법.

● 빠라드 · 콘트르 · 드 · 식스트 Parde Contre De Sixte

식스트의 앙가쥬망으로 서로 마주하고 상대(우측)가 카르트의 리뉴로 데가쥬망해 오는(②~⑤) 것에 대하여 검끝으로 우회전의 원을 그리면서(⑥~⑧), 최종적으로 식스트의 뽀지숑으로 빠라드 한다(⑨~⑩). 검끝으로 원을 그리는 동작은 겨우 손목의 보조와 손가락으로 행한다. 앞팔은 전혀 움직이지 않는다.

● 빠라드 · 콘트르 · 드 · 카르트 Parade Contre De Quarte

카르트의 앙가쥬망으로 서로 마주하고 상대가 식스트의 리뉴로 데가쥬망해 오는 것에 대해 검끝으로 좌회전의 원을 그리면서, 최종적으로 카르트의 뽀지숑으로 빠라드 한다. 원을 그릴 때의 주의는 빠라드 · 콘트르 · 드 · 식스트의 경우와 같다.

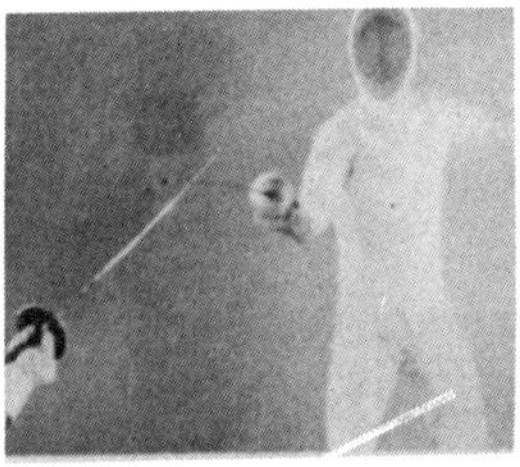
1

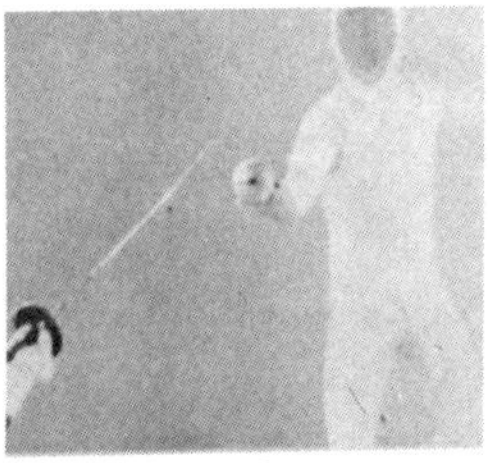
2

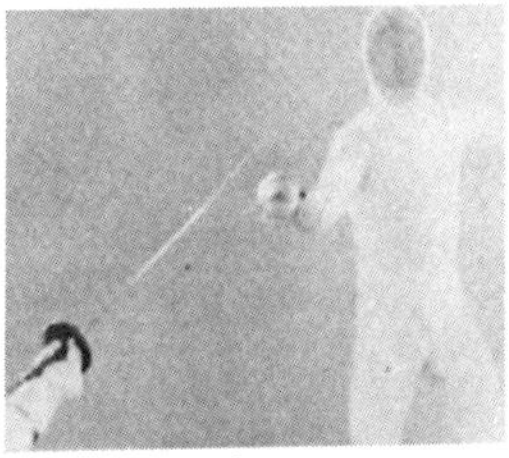
3

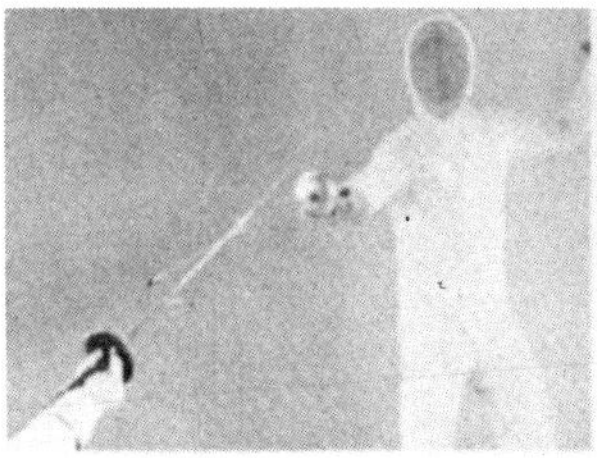
4

5

6

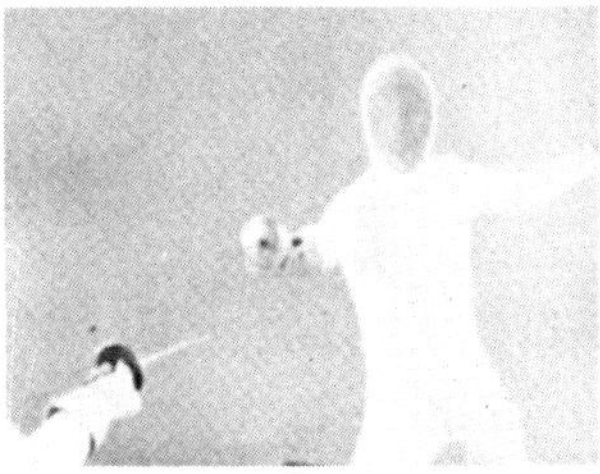
7

8

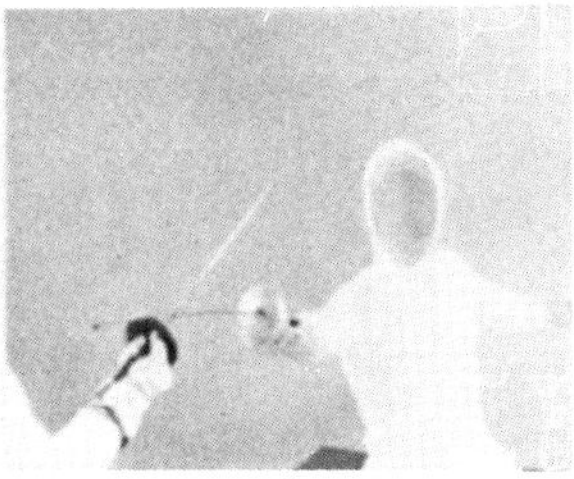
9

빠라드 · 콘트르 · 드 · 식스트

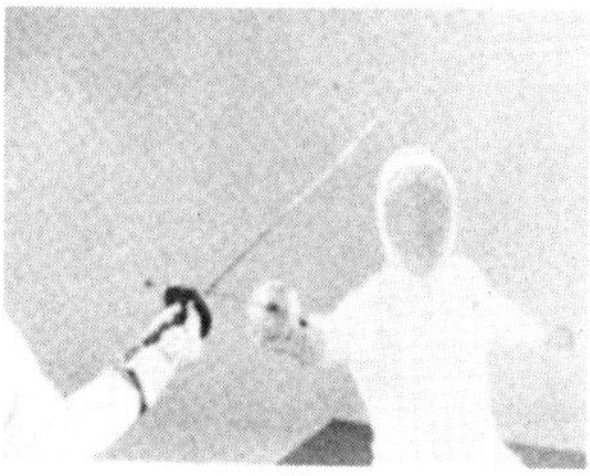
10

Contres-Ripostes
콘트르 · 리뽀스트

상대의 리뽀스트에 대한 리뽀스트. 종류는 리뽀스트의 항과 같다. 따라서 여기에서는 가장 일반적인 카르트와 식스트에서의 리뽀스트를 설명하기로 한다. 카르트, 식스트 모두 다른 리뽀스트를 사용하는 경우는, 리뽀스트 항을 참조해주기 바란다. 상대의 콘트르 · 리뽀스트를 리뽀스트하는 경우는 통상의 리뽀스트에 준한다.

● 카르트의 콘트르 · 리뽀스트

공격후, 상대(맞은편 쪽)의 리뽀스트를 빠라드 · 카르트로 받고(①),

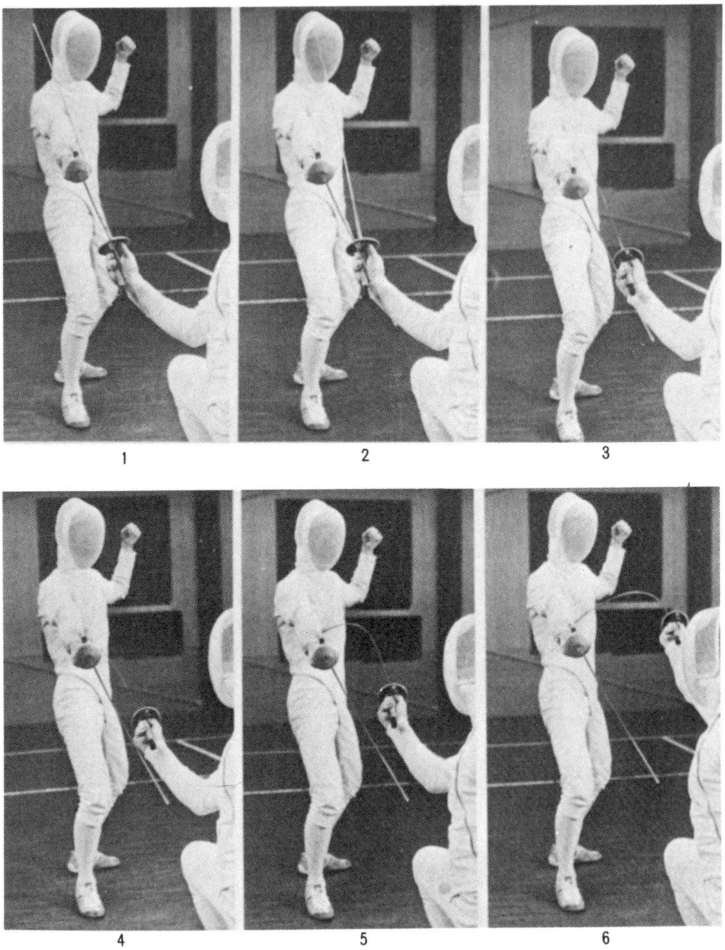

카르트의 콘트르 · 리뽀스트

검끝을 유효면으로 향하고(②~④), 투슈한다 (⑤~⑥). 단지 앙 · 가르드에서의 빠라드와 달리 상대와의 거리가 극단으로 가깝고 자신의 몸의 자세가 낮게 되기 위해,검을 40~60도 정도의 각도로 유지하지 않으면 안된다. 그 때문에 통상 검끝 3분의1 정도가 자신의 머리 위로 나오고 가아드의 위치는 통상의 빠라드보다 반경에서 1개분 정도

옆으로 낸다. 거리가 가깝기 때문에 리뽀스트에 있어서는 반드시 검끝을 유효면으로 향한 다음 팔을 펴야 한다. 이렇게 하면 극단으로 거리가 가까운 경우에도 팔을 펴지 않아도 투슈가 가능하다.

● 식스트의 콘트르·리뽀스트

공격 후 상대의(맞은편 쪽) 식스트로의 리뽀스트를 빠라드·식스트하고, 검끝을 유효면으로 향하여 팔을 편다.

이 때, 카르트의 경우와 마찬가지로 검을 세운다. 그것에 의해 상대의 가아드에서 전신이 떨어져, 빠라드를 확실한 것으로 한다. 또 이렇게 하면 상대의 가아드에 방해받는 일 없이 리뽀스트가 가능하다. 가아드의 위치는 앙·가르드로의 빠라드보다도 밖으로 나온다.

Attaques Composées
어텍크·콩뽀제

하나 또는 2개 이상의 선행하는 팡트를 상대가 빠라드하고 그것을 트롱뽀망하여 행하는 공격. 어텍크·콩뽀제는 복합 공격이라고 번역하는데, 즉 2개 이상의 동작에서 성립한 것이다. 하나 또는 둘 이상의 선행하는 펭트(Feinte=상대에게 빠라드 시키기 위해 꼬여 냄)를 상대가 빠라드하고 그것을 피하여(트롱뽀망 Trompement) 행하는 공격으로 팡트나 프렛슈로 끝난다. 그 펭트에는 1. 쿠·드로와, 2. 데가쥬망, 3. 쿠뻬, 4. 콩뽀제(1~3의 조합)의 각종이 있는데 이들의 펭트와 리뉴의 조합에 의해, 무적에 가까운 어텍크·콩뽀제가 고안되어지는 것이다. 그러나 여기에서는 기본적인 4가지 방법에 대하여 설명하기로 한다.

● 유누·두—Une Deux

앙가쥬망에서 반대쪽의 리뉴로 데가쥬망에 의한 펭트를 내고 상대의 빠라드·디렉트에 대해 본래의 리뉴로 데가쥬망하는 것이다. 최초의 데가쥬망과 두번째의 그것은 다른 리뉴에 대해 행해진다.

〈상대의 카르트로의 샹쥬망에 대해서는〉

앙가쥬망, 식스트에 준비 자세(①), 상대(맞은편 측)가 카르트로 샹쥬망하는 것에 대해(②~④), 식스트쪽으로 펭트(⑤~⑩), 그

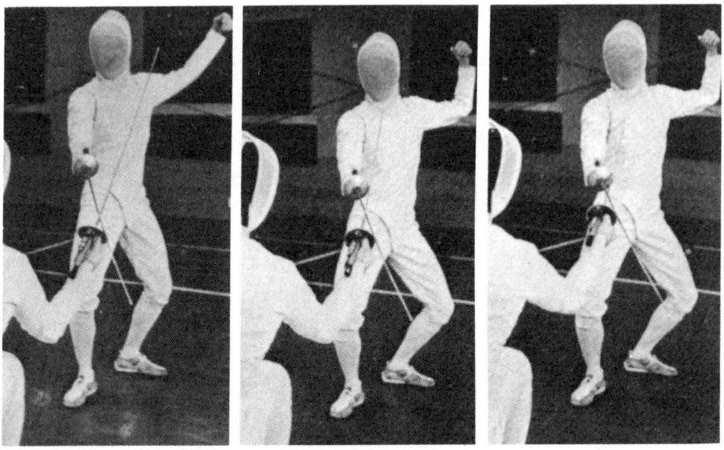

1 2 3

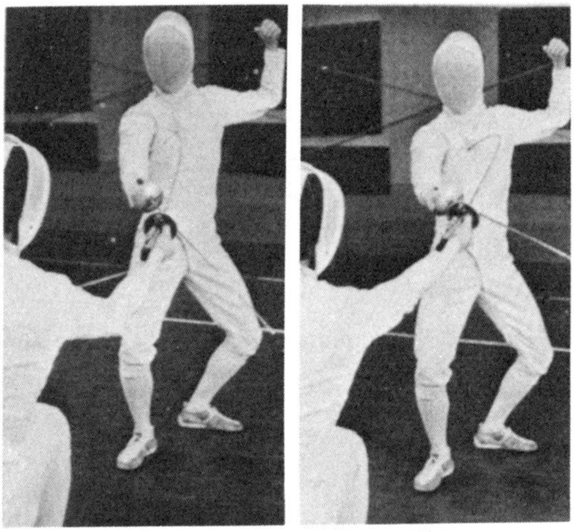

4 5

유누－두

리고 상대가 빠라드·식스트하는 곳(⑪～⑫)을 카르트 쪽에서 트롱쁘망하고(⑬～⑯), 팡트한다 (⑰～⑳).

〈상대의 식스트의 오뽀지숑에 대해서는〉

앙가쥬망·식스트에 준비(①). 상대(맞은편)가 오뽀지숑하는 (②) 곳을, 카르트쪽으로 펭트(③～⑥). 그리고 상대의 빠라드· 카르트를 식스트쪽으로 트롱쁘망하고(⑦～⑨), 팡트한다(⑩～⑫). 다만 주의해야할 것은 최초의 펭트의 때는 팔을 펴서만 행하고 다음의 데가쥬망에

1

2

3

4

5

6

7

8

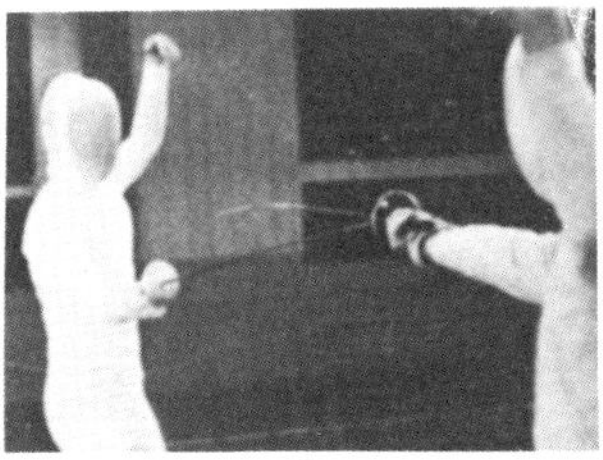
9

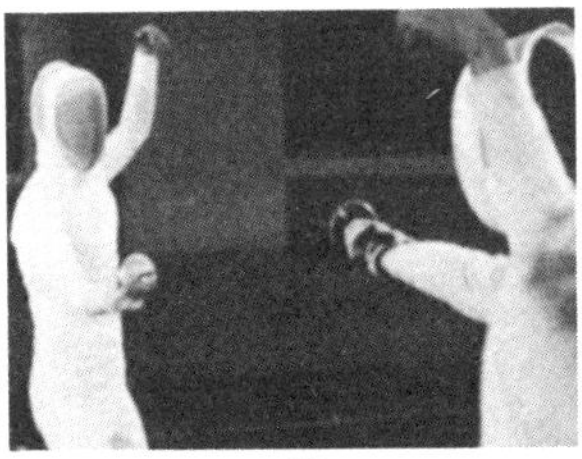
10

11

12

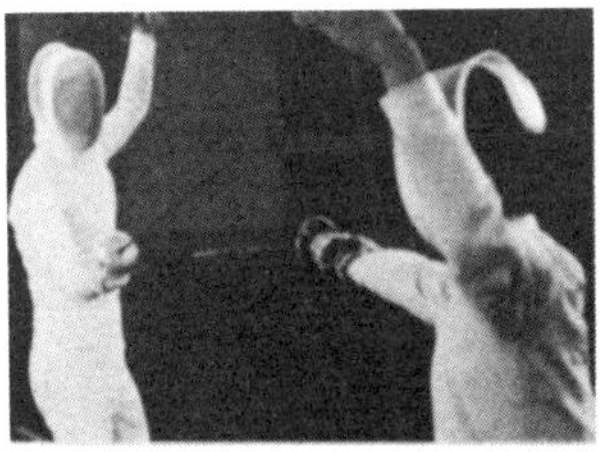
13

14

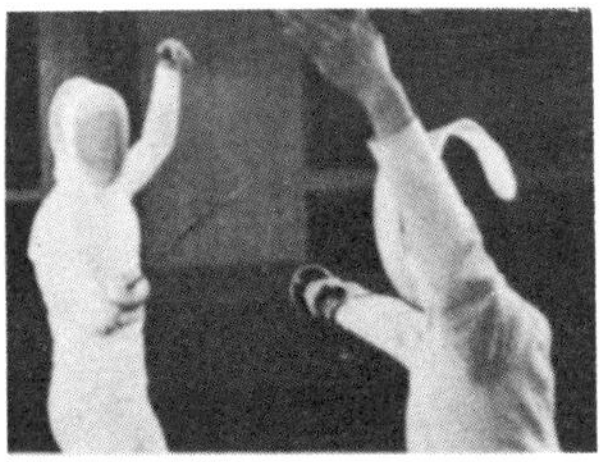
15

16

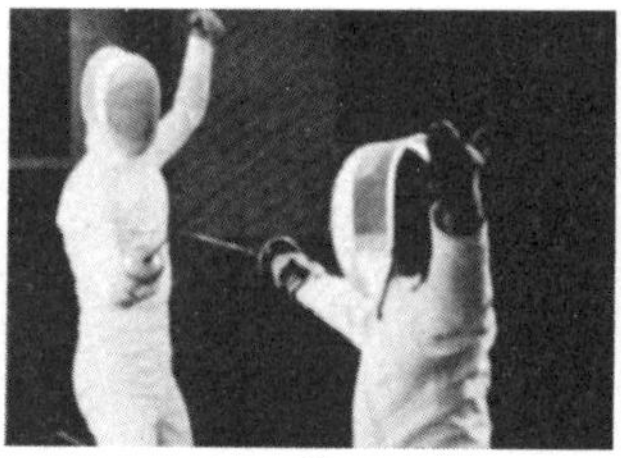
17

18

상대의 카르트로의 샹쥬망에 대해서의 유누·두

19

20

들어가면, 동시에 팡트의 발을 내디딘다. 상급자는 최초의 펭트에 이어서 팡트의 발을 내디디고, 발의 착지 전에 두번째의 데가쥬망을 행하고,착지의 직전 또는 동시에 투슈하는 것이 보통이다. 일련의 검끝의 움직임은 크게하고, 옆으로의 움직임은 가능한 한 작게 해야 한다.

● 두브르망 Doublement

앙가쥬망에서 반대쪽의 리뉴로 데가쥬망에 의한 펭트를 내고 상대의 빠라드·콩트르에 대해 다시 데가쥬망하는 것이다. 두브르망으로는 최초의 데가쥬망과 2번째의 그것이 같은 방향으로의 것이다. 즉 동일의 리뉴를 2중으로 데가쥬망하기 때문에 붙여져 불리워진 이름인 것이다.

〈상대의 빠라드·콘트르·드·식스트에 대하여〉

식스트의 앙가쥬망으로 서로 마주하고(①), 상대(왼쪽)의 쁘레숑에 대해 데가쥬망에 의한 펭트를 카르트로 내고 (②~④), 상대의 빠라트·콘트르·드·식스트(⑤~⑨)를 트롱쁘망하고(⑩~⑪), 팡트한다(⑫).

팡트의 발의 요령은 유누·두와 동일하다. 초심자의 경우에는 최초의 펭트가 명확하지 않고 상대의 빠라드·콘트르보다도 먼저 검을

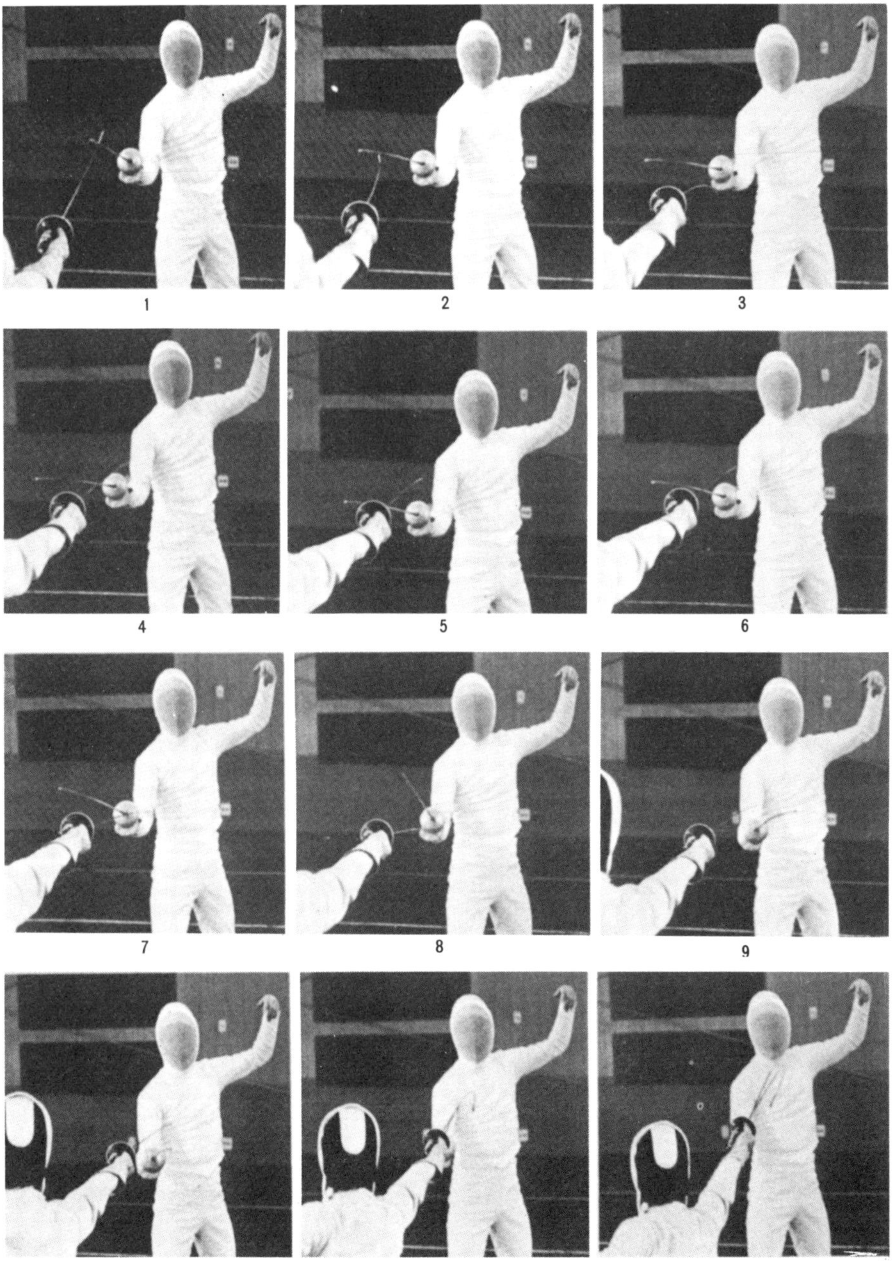

상대의 식스트의 오뽀지숑에 대해서의 유누·두

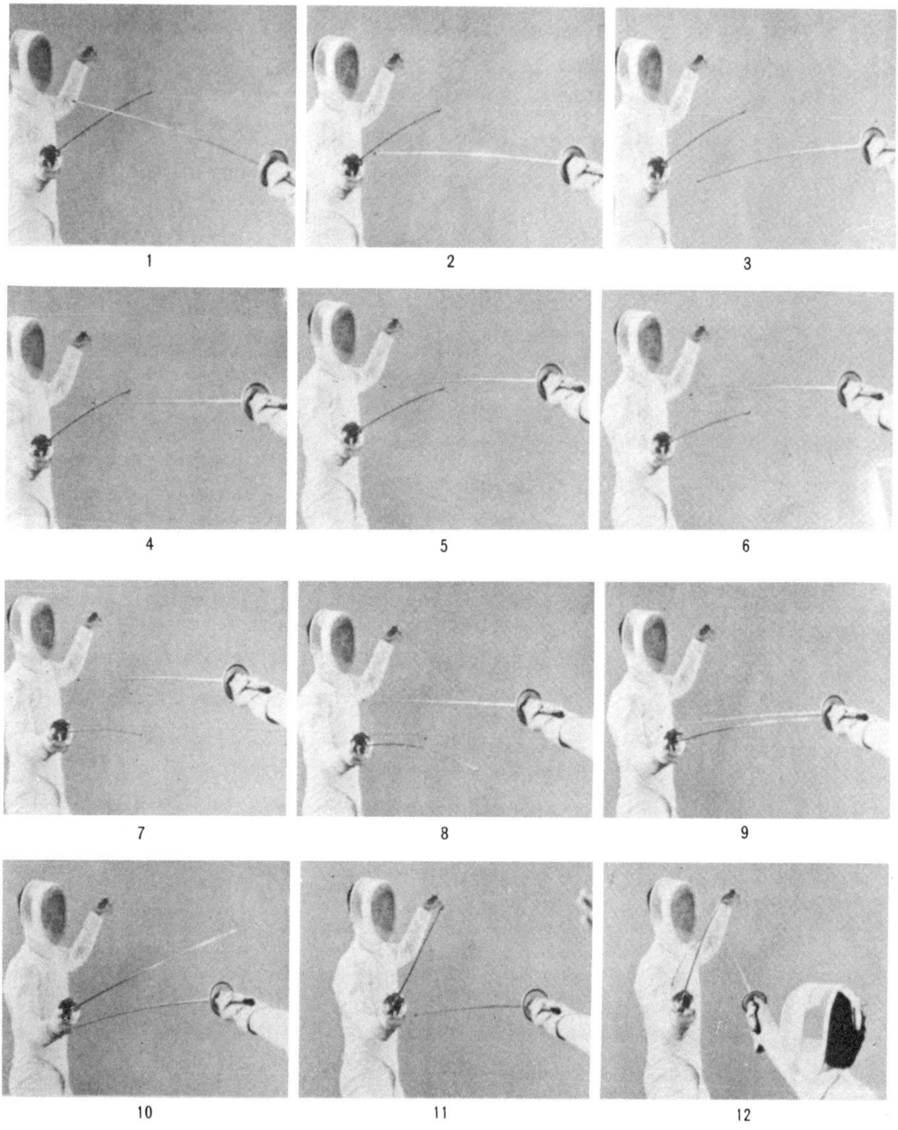

1 2 3 4 5 6 7 8 9 10 11 12

상대의 빠라드·콘트르·드·식스트에 대한 두브르망

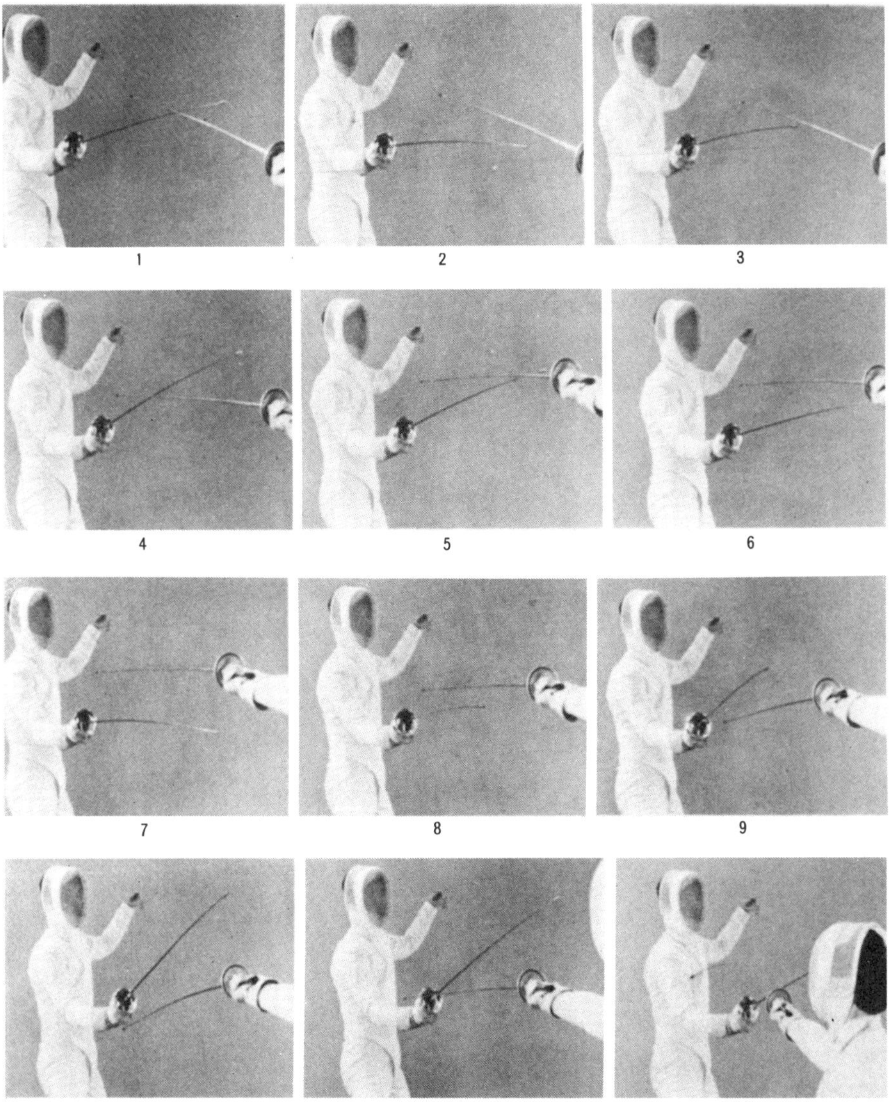

상대의 빠라드 · 콘트르 · 드 · 카르트에 대한 두브르망

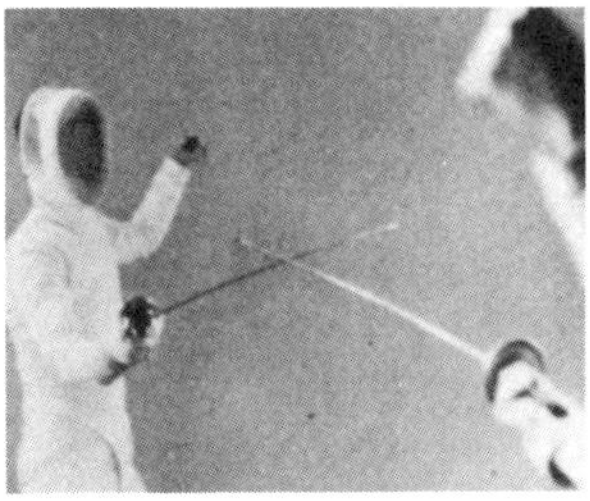
1

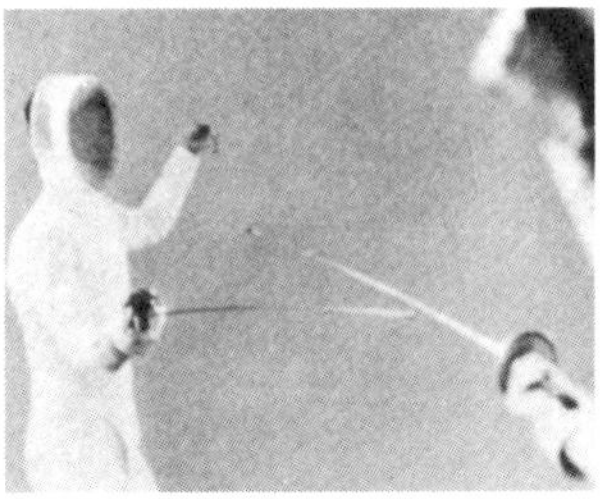
2

3

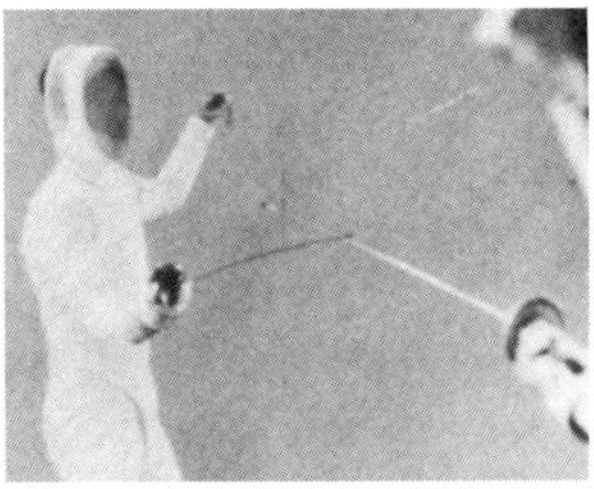
4

5

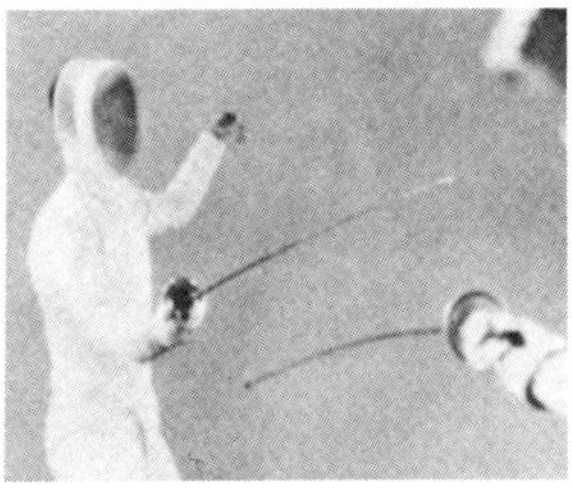
6

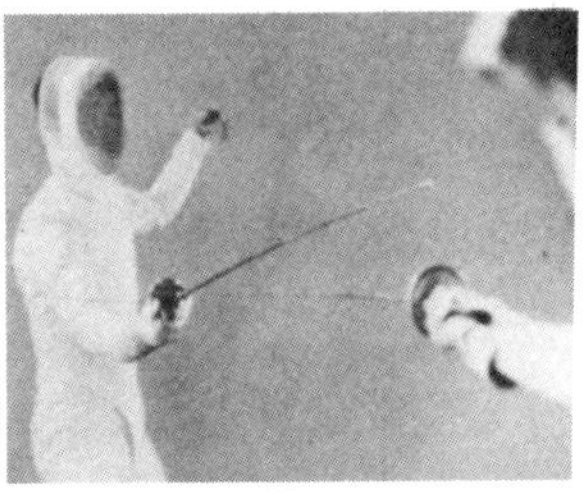
7

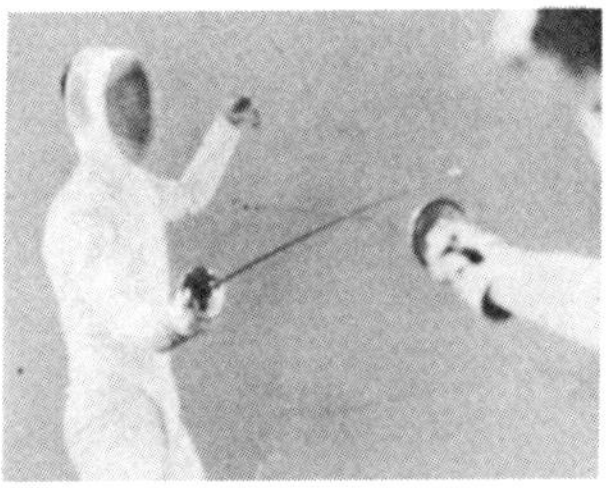
8

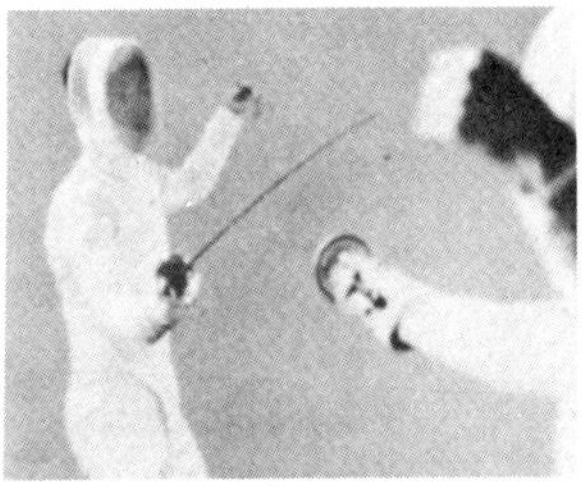
9

10

11

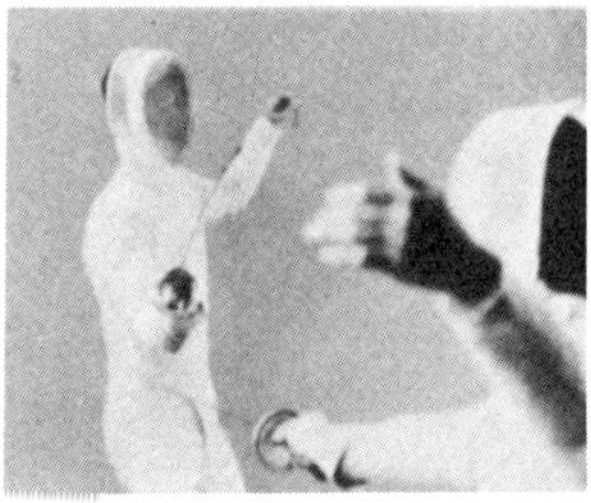
12

돌리기 시작하는 경향을 볼 수 있다. 그러나 이것은 두브르망을 사용하는 의도를 상대에게 제지시키기 쉽고 성공율이 낮다. 연습부터는 상

두슈 · 두수

13

14

옆면에서

8 A

9 A

10A

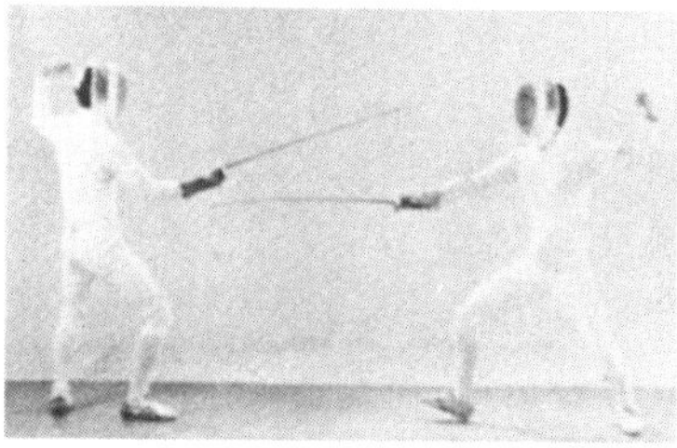
11A

12A

13A

대의 빠라드 · 콘트르에 대해 데가쥬망하는 방법을 단단히 몸에 익혀야 할 것이다.

14A

〈상대의 빠라드 · 콘트르 · 드 · 카르트에 대하여〉

식스트의 앙가쥬망으로 서로 마주하고(①), 상대(우측)의 상쥬망(②～③)에 대해식스트로 펭트하고(④～⑤), 상대의 빠라드 ·콘트르 · 드 · 카르트(⑤～⑨)를 트롱쁘망(⑩～⑪)하여 팡트로 들어간다(⑫).

●두슈 · 두수 Dessus Dessous

상대의 높은 리뉴(통상 식스트)에 펭트하고, 상대의 빠라드 · 식스트에 대해 하부, 즉 옥타브의 리뉴로 데가쥬망하는 것이다.

식스트의 앙가쥬망(①)에서, 상대(좌측)의 상쥬망(②～④)에 대해 데가쥬망에 의한 펭트를 식스트의 리뉴로 낸다(⑤～⑧). 그리고 상대가 빠라드 · 식스트(⑨～⑩)를 행할 때에 옥타브로 데가쥬망 한다(⑪～⑭).

⑧A～⑭A는 그것을 옆에서 잡은 것이다. 단지 옥타브로의 데가쥬망은 검끝에서 흡수하듯이 행하고, 손바닥은 쁘로네숑의 위치까지 안으로 돌린다. 투슈의 직전에는 상대의 팔꿈치를 피하기 위하여, 사진 ⑭A와 같이 가아드는 아래로, 검끝을 상대의 옆구리 아래 또는 중심 근처까지 내린다 (사진 ⑬A, ⑭A 참조).

Attaques Au Fer
어텍크 · 오 · 페르

상대의 검에 대한 공격으로, 통상 공격의 준비 동작으로써 사용하고, 밧트망 · 쁘레숑, 후로와스망의 3가지 방법이 있다.

●밧트망 Battement

상대의 검을 치는 것이다. 공격에 앞서서 사용하는 것이 보통인데

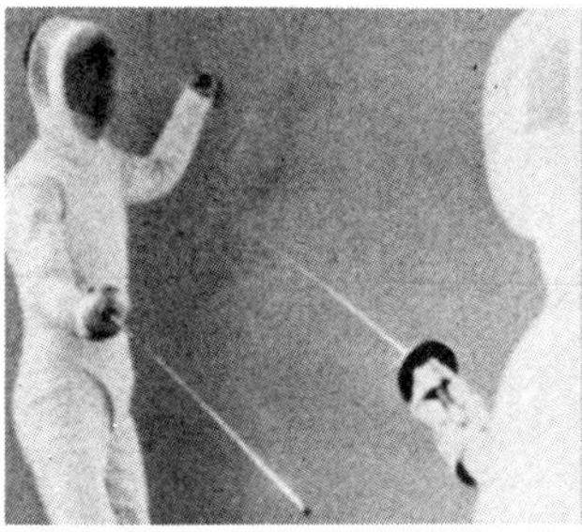

1

2

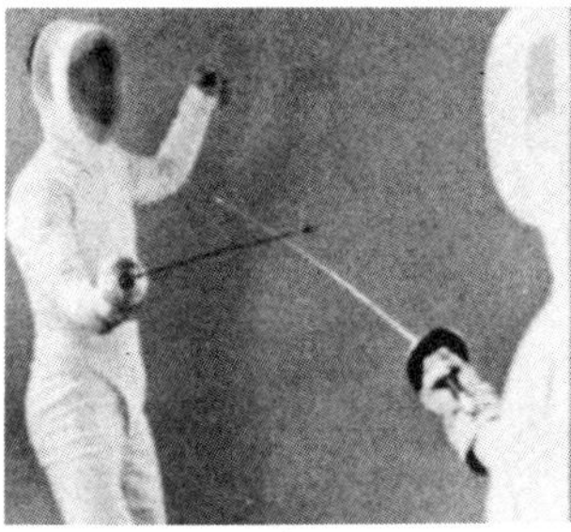

3

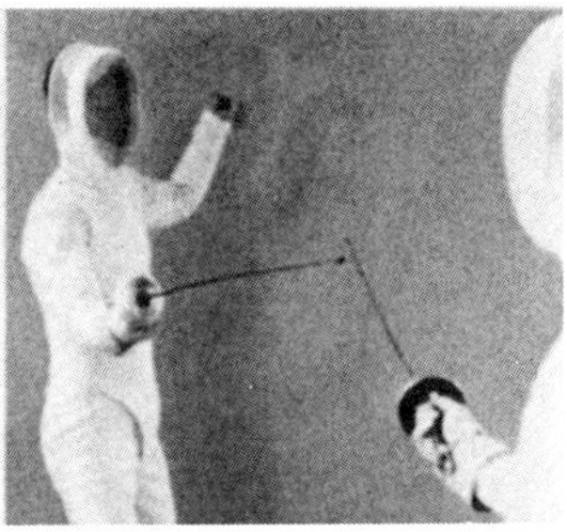

4

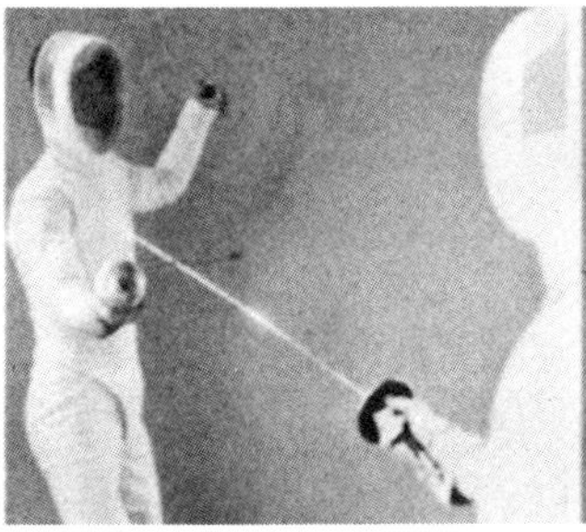

5

6

카르트 · 리뉴로의 밧트망

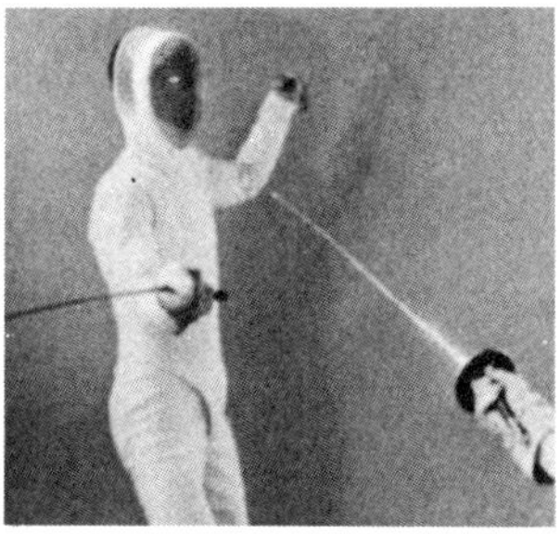

7

1

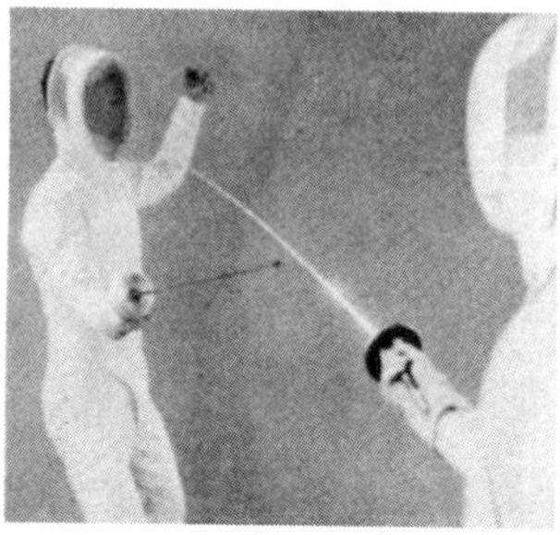

2

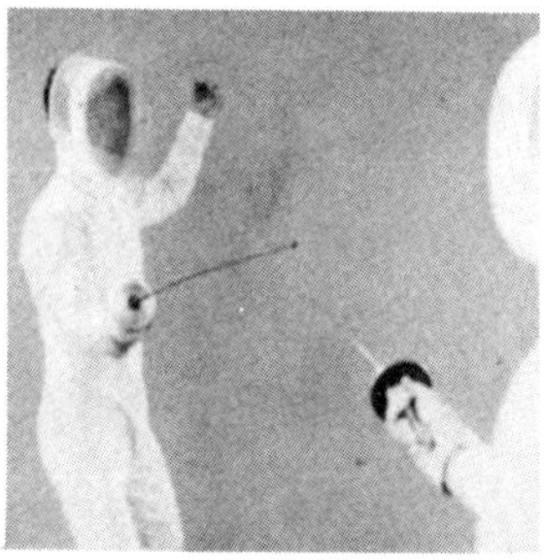

3

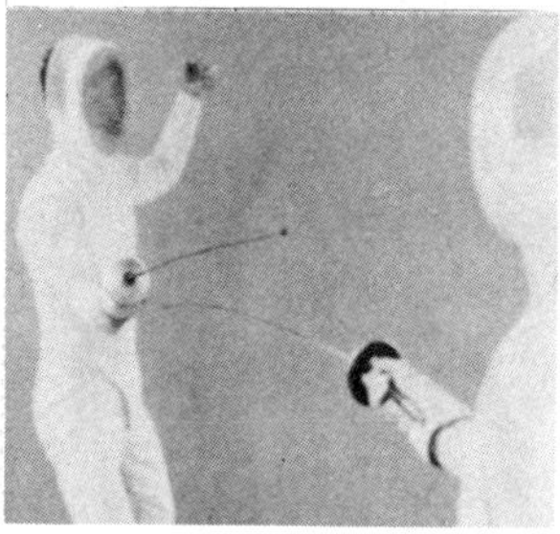

4

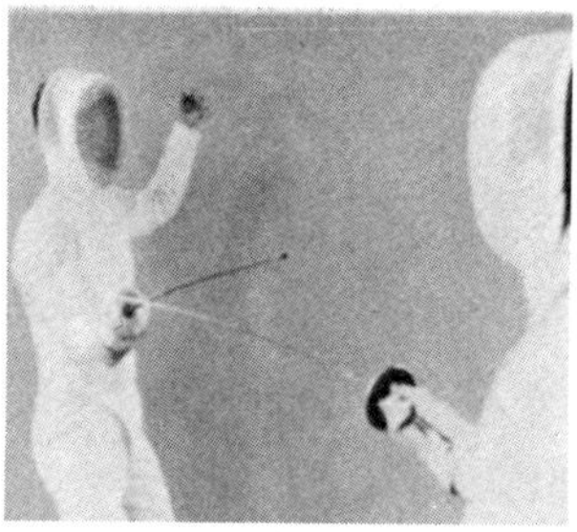

5

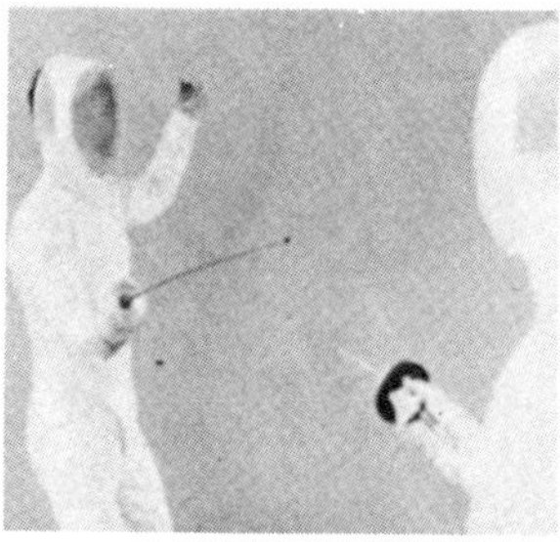

6

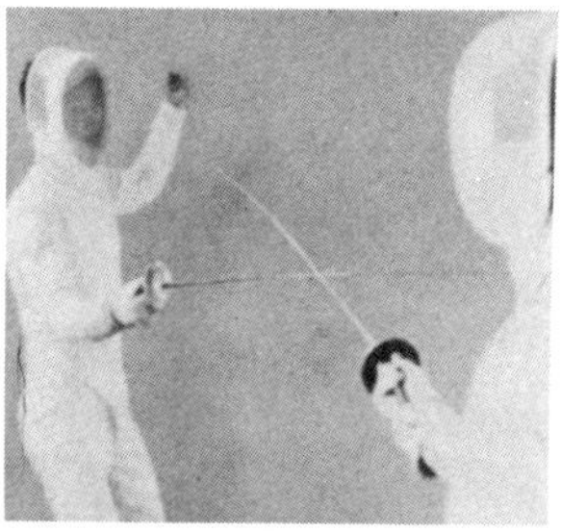

7

1 A

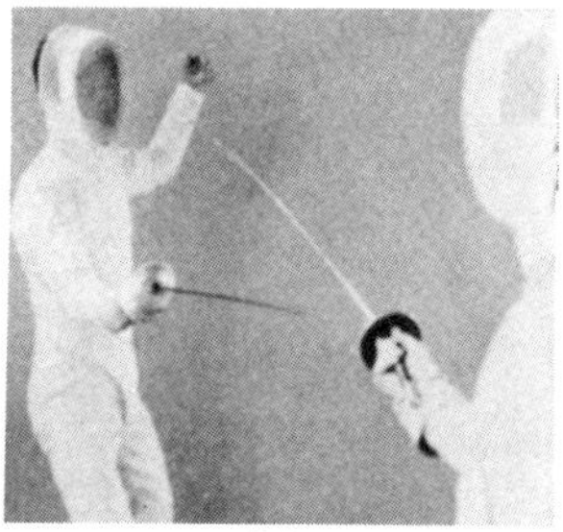

2 A

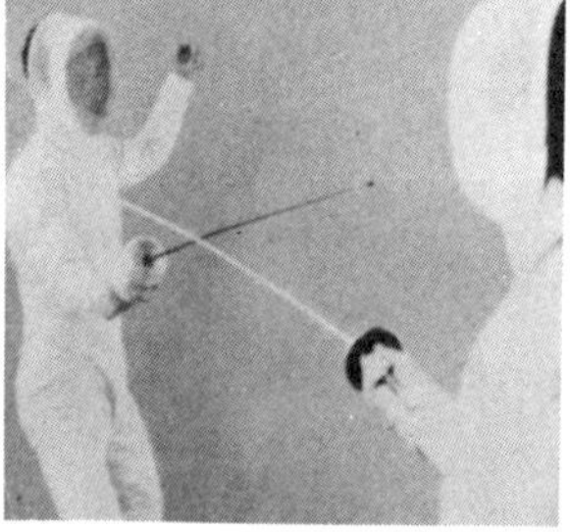

3 A

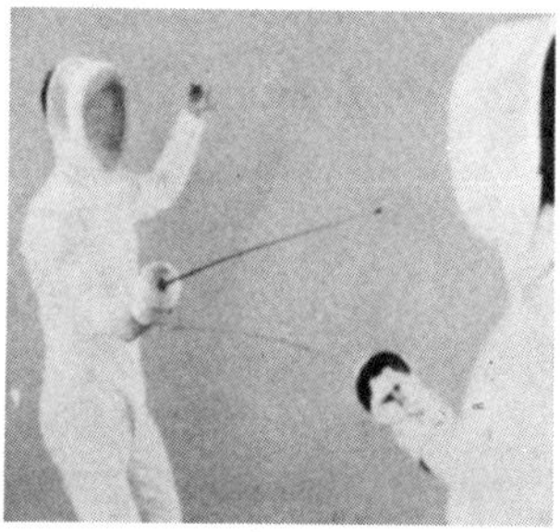

4 A

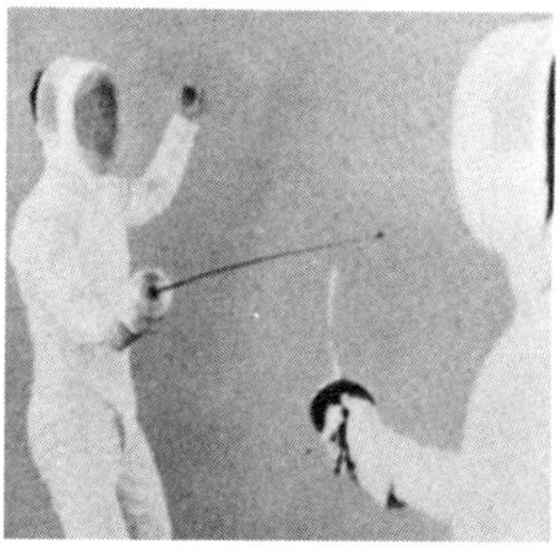

5 A

샹쥬망 · 밧트망

6 A

7 A

방어의 한 방법으로서 사용되어지는 것도 있다. 기본 4가지 방법(카르트, 식스트, 셉팀, 옥타브)의 앙가쥬망으로 행하는데, 여기에서는 상부(上部)로의 방법에 대해서만 설명한다(이하 동일).

〈카르트 · 리뉴로의 밧트망〉

상대(왼쪽)가 검을 옥타브에서 카르트로 올릴 때(①~③), 재빨리 두드리고(④~⑤), 상대의 검을 리뉴의 밖으로 낸다(⑥~⑦).

이 경우, 검끝에서 3분의 1의 부분에, 상대의 검의 같은 부분을 두드리는 것이 가장 효과적이다. 그 직전, 상대의 검과의 교점은 검의 왼쪽 아래의 각 한 점만으로 한다.
검을 치는 동작은, 중지와 약지, 새끼를 강하게 쥐는 것과 손목의 보조에 의한다. 이 동작을 순식간에 행하기 때문에 친 직후의 검끝의 위치는 준비 자세의 위치와 같은 장소가 되는 것이다 (사진 ①과 ⑦ 참조). 상대의 검을 쳤으면, 끌면서 각종 어텍크로 들어가는 것이다(이하 동일).

밧트망에서 쿠 · 드로와하는 경우는 강하게 치고, 데가쥬망하는 경우는 가볍게 두드리는 것이 보통이다.

〈샹쥬망 · 밧트망〉 (P. 94)

샹제 · 밧테 Changez-Battez

샹쥬망과 밧트망의 조합으로, 즉 샹쥬망하는 것과 동시에 상대의 검을 치는 것이다. 상대(좌측)의 검이 카르트의 리뉴로 올라가는 곳(①~③)을 샹쥬망 하면서(④~⑤), 밧트망한다(⑥~⑦). ①A 이하는 상대의 검이 식스트의 리뉴로 올라가는 곳을 샹쥬망하고, 카르트쪽으로 밧트망한다.

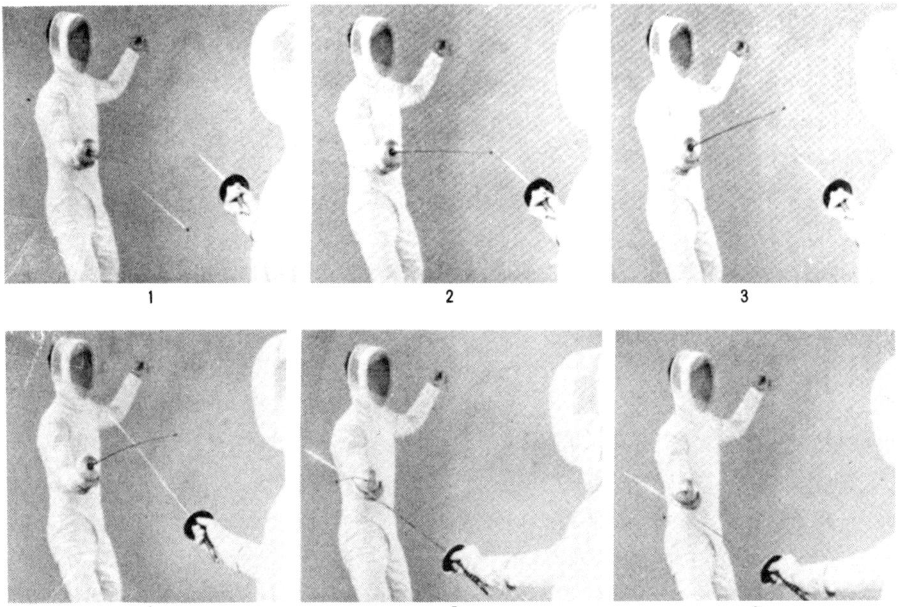

쁘레숑

식스트쪽으로의 밧트망은 보통의 샤쥬망에서 가속을 붙여 친다. 상대와의 검의 교점은 오른쪽 위의 각 한 점만으로 한다. 그리고 칠 때는 손바닥을 조금 밖으로 돌리면서, 인지의 손가락과 엄지를 순간적으로 강하게 조인다.

● 쁘레숑 Pression 쁘레세 Presse

상대의 검을 강하게 누르는 것이다. 상대(좌측)의 검이 올라가는 곳(①~③)을 앙가쥬망의 상태로 검을 접촉시키면서(④), 킨트의 위치까지 강하게 민다(⑤~⑥).

단지 밧트망과 같은 부분으로 상대의 검을 잡아, 최후까지 접점을 이동시키지 않는다. 상대의 검을 잡고 있는 시간이 길기 때문에 계속 끌어 공격으로 변화를 시키거나, 상대의 약점을 겨냥할 수 있는 이점이 있다. 그러나 그 반면 쿠뻬나, 데가쥬망에 의한 콘트르·어택크를 받기 쉽기 때문에, 특히 거리적인 세심한 주의를 요한다.

1

2

3

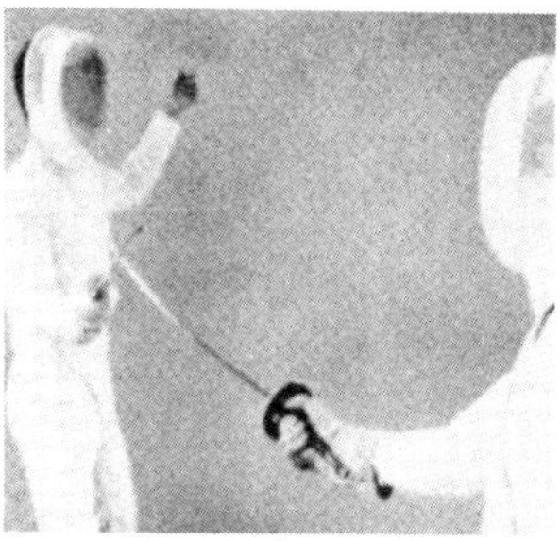
4

5

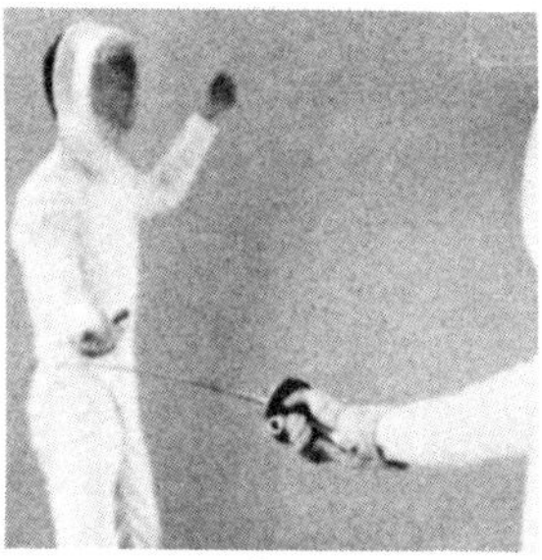
6

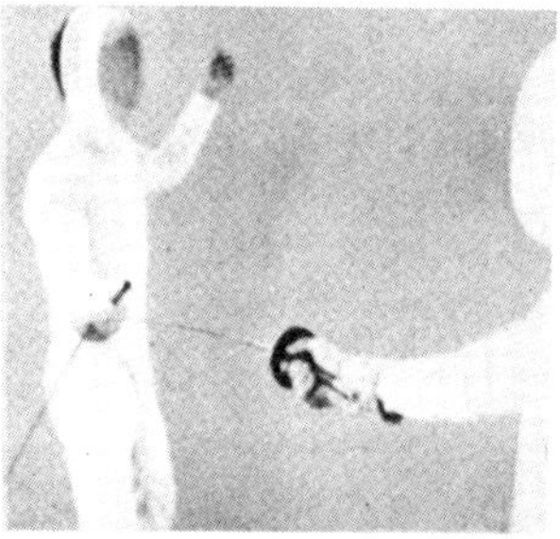
7

후로와스망

● 후로와스망 **Froissment** 후로와세 **Froissez**

상대의 검 위로 자신의 검을 미끄러지게 하면서 강하게 누르는 것이다. 상대(좌측)의 검이 올라가는(①~②) 곳을 카르트로 잡고(③), 상대의 검을 누르는 요령으로 팔을 펴면서 상대의 가아드로 향하여 검을 미끌어지게 한다 (④~⑦). 자신의 검의 접점을 가능한 한 한점으로 하고, 후로와스망의 종료 전에 팡트의 발을 내디디면, 검을 콘트롤하는 것이 쉽게 되고, 콘트르·어택크를 받기 쉽다. 검끝이 목표로 향한 순간에 팡트로 들어가면 좋다는 뜻이다. 이 기술은 공격에 직결시키는 것보다도 오히려 상대의 벨런스를 무너뜨리기 위하여 사용되어지는 경우가 많다.

Prise De Fer
쁘리즈·드·페르

상대의 검을 잡는 동작을 말한다. 어택크, 리뽀스트, 쿠·드·탕등에 사용된다. 쁘리즈·드·페르에는 오뽀지숑, 리망, 쿠로와제, 앙브롭쁘망의 4가지 방법이 있다. 어느것이나 상대의 검과 접촉한 다음 투슈까지 그 접촉을 유지한 채, 향해야 한다.

● 오뽀지숑 Opposition 오뽀제 Opposez

상대의 검을 잡고, 옆으로 이행시키는 것이다. 상대(맞은편)의 공격을 식스트로 잡고(①), 가아드를 밖으로 이행시키면서, 검끝을 안으로 넣고 투슈한다. (②)

●리망 Liement 리즈 Liez

상대의 검을 잡은 위치에서 비스듬하게 리뉴로 이행시키는 것(카르트↔옥타브↔식스트↔셉팀 등)이다.

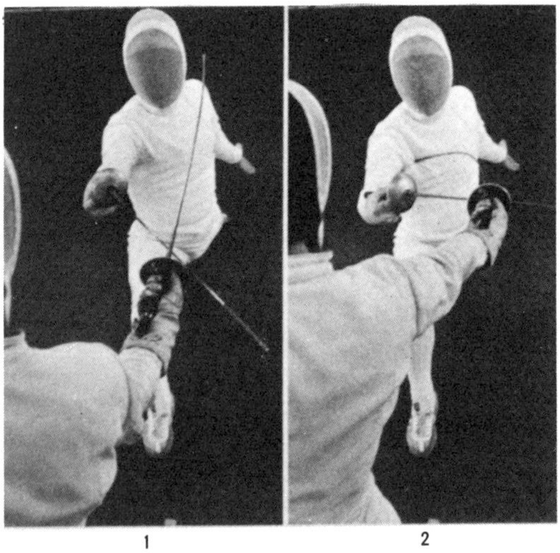

1 2

오뽀지숑

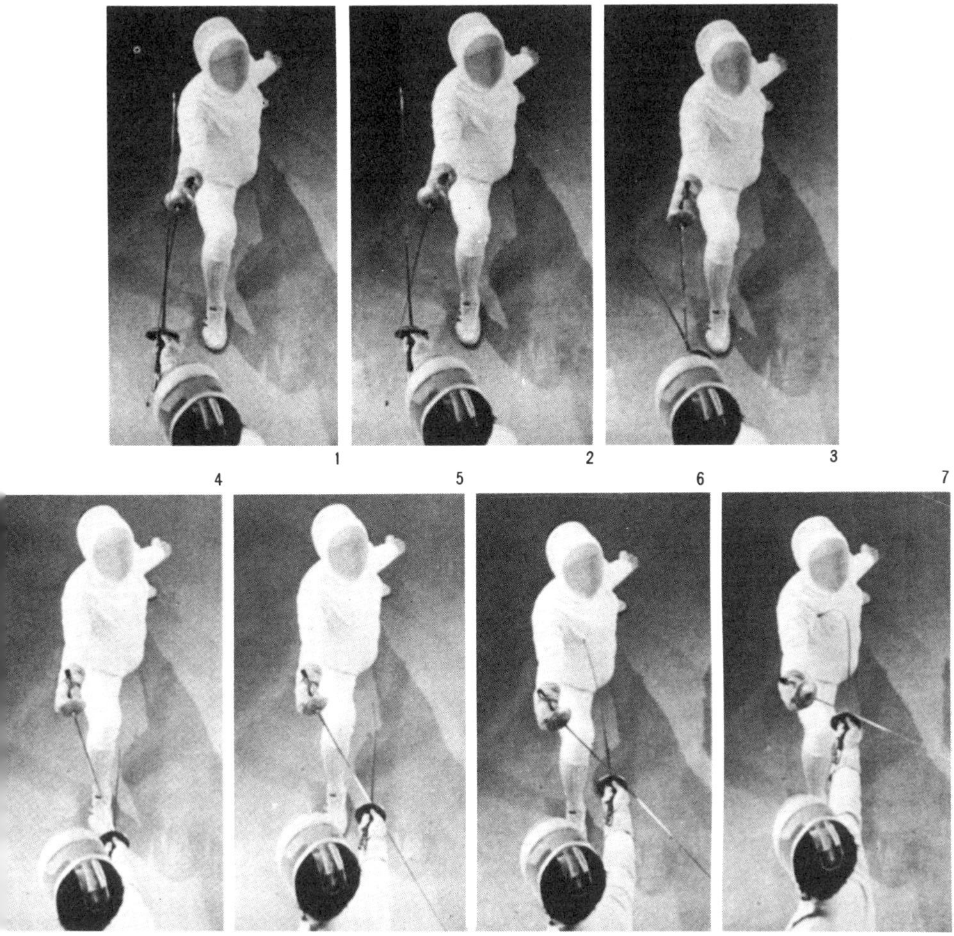

빠라드 · 카르트에서 리망에 의한 리뽀스트

〈빠라드 · 카르트에서 리망에 의한 리뽀스트〉

상대(맞은편 쪽)의 공격을 카르트로 잡고(①), 검끝을 아래로(②~③), 팔을 펴면서 옥타브의 위치로 이행시키고 (④~⑥), 투슈한다.

이것은 가아드의 위치가 높은 상대, 내지는 르미즈(Remise)를 겨냥하는 상대 등에 사용한다. 상대의 검을 잡은 후, 검끝의 움직임이 선행하고, 이어서 팔을 편다. 투슈까지 스피드하게 행한다. 피닛슈에로는

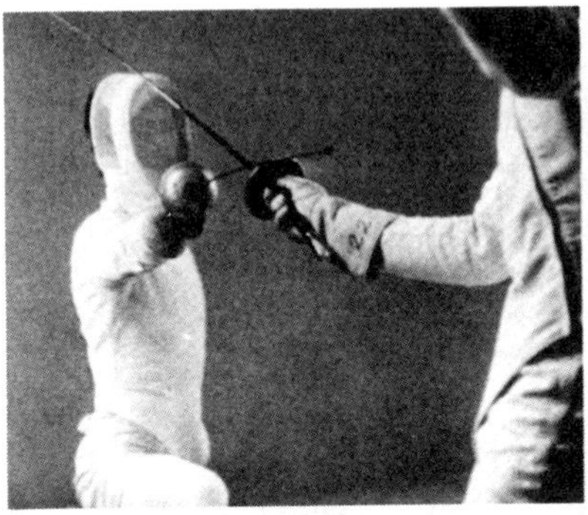

1

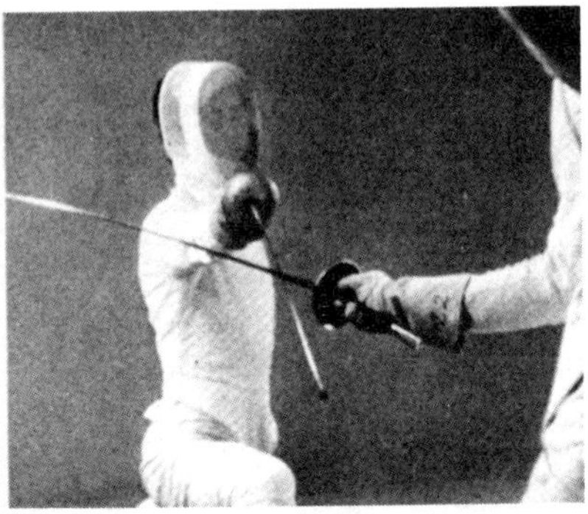

2

3

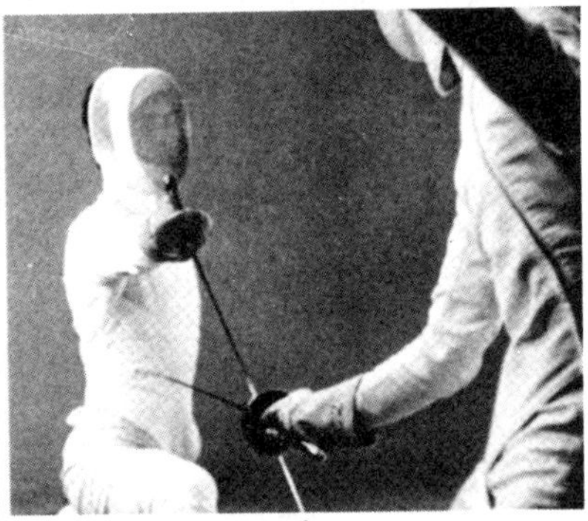

4

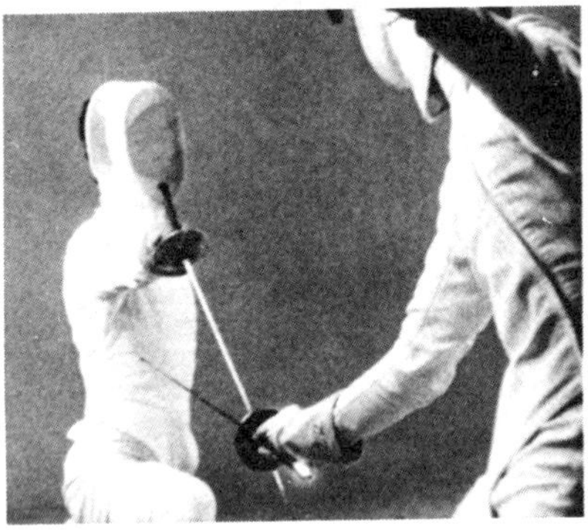

5

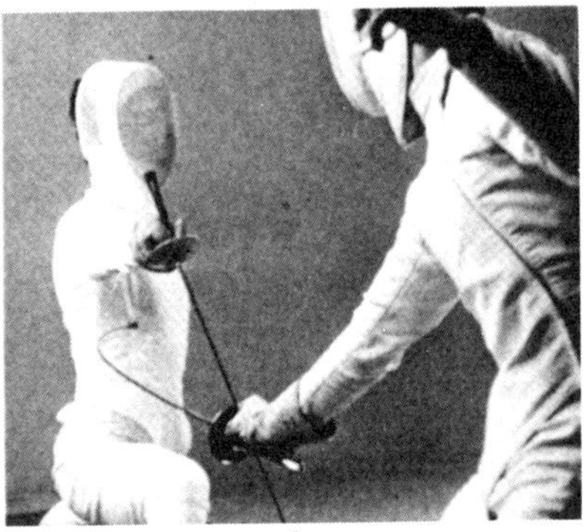

6

쿠로와제

자신의 가아드가 상대의 가아드와 같은 선상으로 되지 않도록 행한다(사진 ⑦ 참조). 즉 상대가 가아드를 가까이 해온 경우는 그 만큼 자신의 가아드도 밖으로 내는 것이다.

● 쿠로와제 Croise 쿠로와제 Croisez

상대의 검을 잡은 위치에서 종(縱)으로 이동시키는 것이다.

〈빠라드 · 카르트의 쿠로와제〉

상대(좌측)의 공격을 카르트로 잡고(①), 손바닥을 안으로 돌리고 가아드를 내리면서 팔을 펴고 투슈한다(②～⑥). 이것은 가아드의 위치가 높은 상대에 대하여 사용한다. 가아드를 내린 직후에 검끝은 목표로 향해야 한다(사진 ④ 참조) 리망과 마찬가지로 가아드는 상대의 가아드와 동일 선상이 되지 않도록 하고(사진 ⑥ 참조), 일련의 동작에 있어서 검선은 가아드 보다 낮은 위치가 되지 않는 것이 좋다.

● 앙브롭쁘망 Enveloppement 앙브롭뻬 Enveloppez

상대의 검을 잡은 위치에서 싸넣듯이 한바퀴 돌리는 것이다.

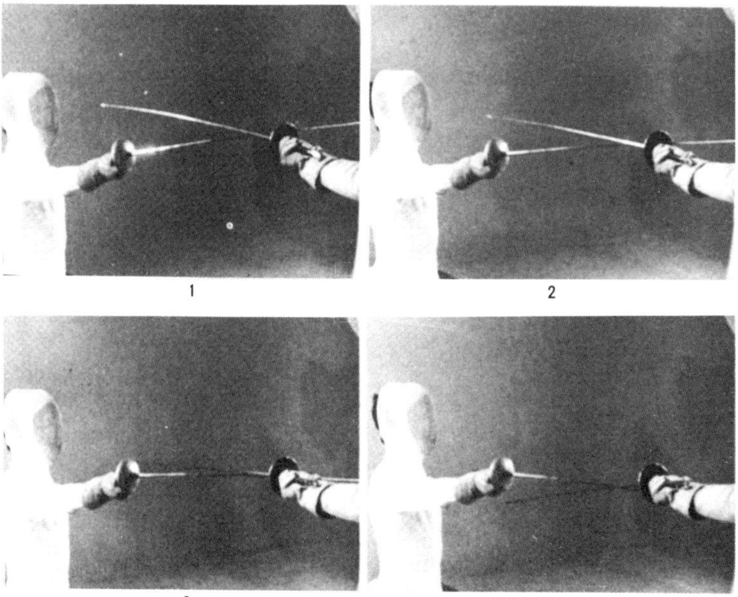

1 2 3 4

5

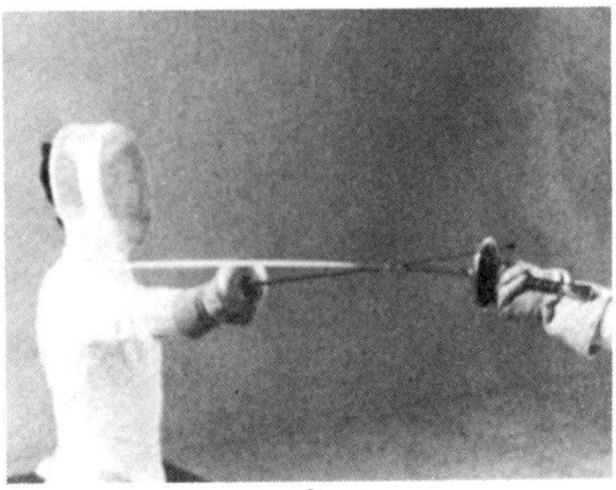
6

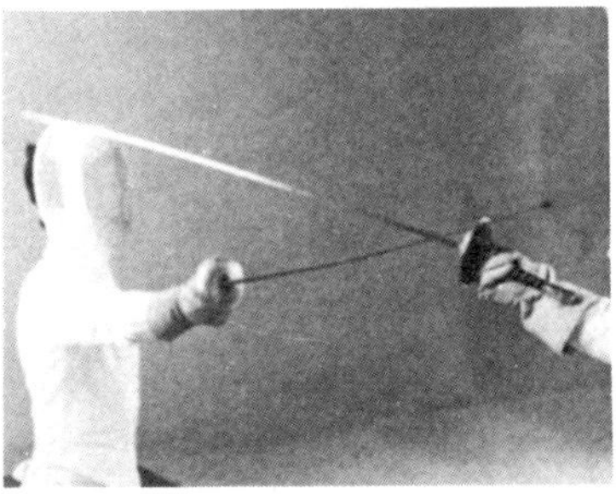
7

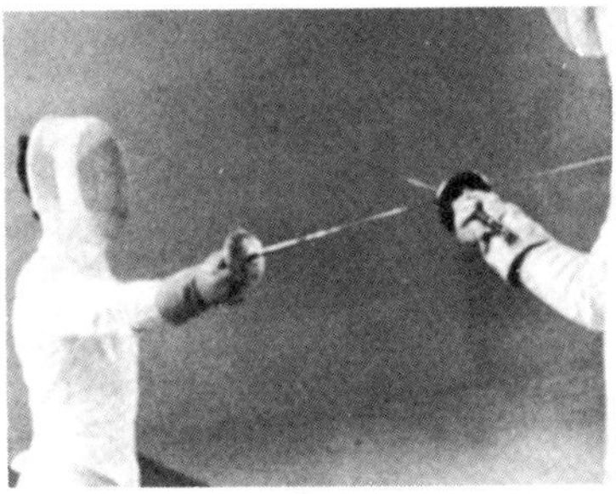
8

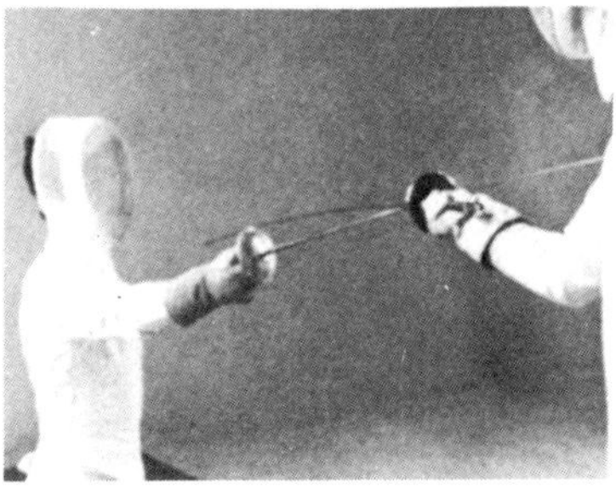
9

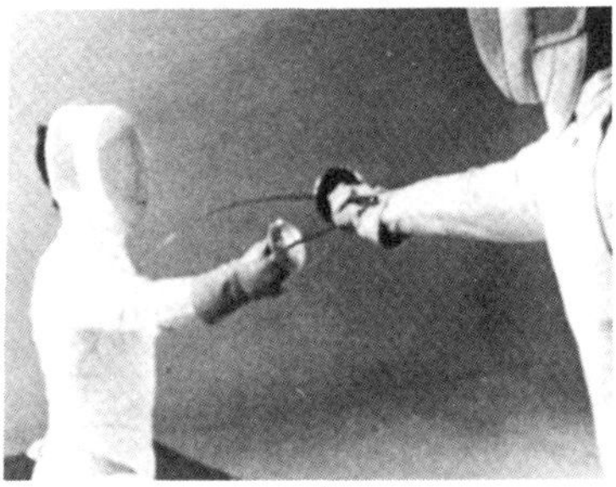
10

빠라드·식스트에서의 앙브롭쁘망

〈빠라드·식스트에서의 앙브롭쁘망〉

상대(좌측)의 검을 식스트로 잡고(①), 검끝으로 원을 그리면서(②~⑧), 검의 접촉을 유지한 채 팔을 편다(⑨~⑩). 그리고 검끝으로 원을 그릴 때, 상대의 가아드에 접촉하지 않도록 주의하고, 동시에 상대의 검신은 항상 자신의 가아드에 접촉시켜 둔다. 그 때문에 원을 그리기 직전에 조금씩 팔을 펴고 최후의 단계까지 가속적으로 팔을 편다. 이론적으로는 기본 4가지의 방법의 리뉴로 행하는 것이 가능하지만, 실제로는 식스트부터의 앙브룹쁘망이 대부분이다.

Parade En Cédant
빠라드 · 앙 · 세당

쁘리즈 · 드 · 페르에 대한 빠라드 · 앙 · 세당이란, 맡기다, 위임하다라는 의미로 상대의 힘에 거역하지 않고 행하는 것이다.

● 상대의 리망 또는 옥타브의 오뽀지숑에 대한 킨트

공격에 들어가(①～②), 상대(자기앞쪽)의 빠라드 · 콘트르 · 드 옥타브에서의 리뽀스트 · 오뽀지숑을 킨트로 빠라드하고(②～⑤), 상대의 검을 잡은 채(리뽀스트의 슈르 · 르 · 페르를 참조) 리뽀스트 한다(⑥～⑨) 사진 B는 각각의 동작을 옆에서 본 것으로 상대와의 거리감을 이해하기 위해 참고로 삼는다. 단지 주의해야 할 것은 상대의 옥타브에서의 오뽀지숑에 대해, 팔의 힘을 빼고 조금 가아드를 내리면서, 검끝을 사진 ⑤AB와 같이 옆으로 향하게 한다는 것이다.

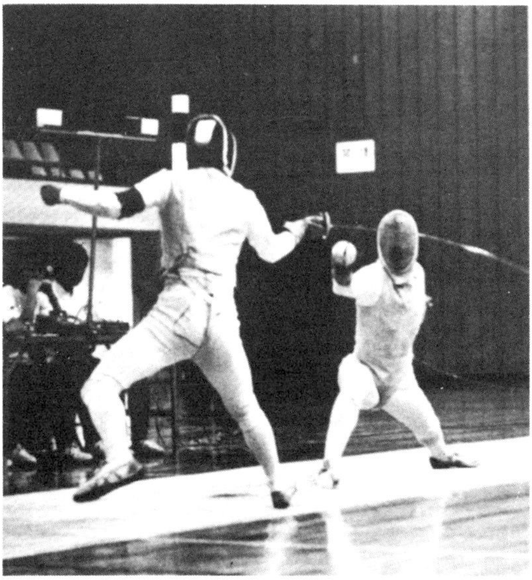

킨트로 잡은 곳을 높이 옥타브로 앙 · 세당

1

2 A

3 A

4

2 B

3 B

5 A

6 A

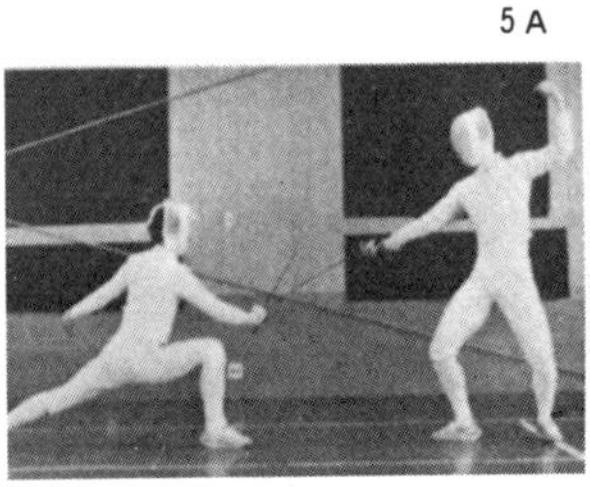

5 B

6 B

7

8

9

상대의 리망 또는 옥타브의 오뽀지숑에 대한 킨트

1 A

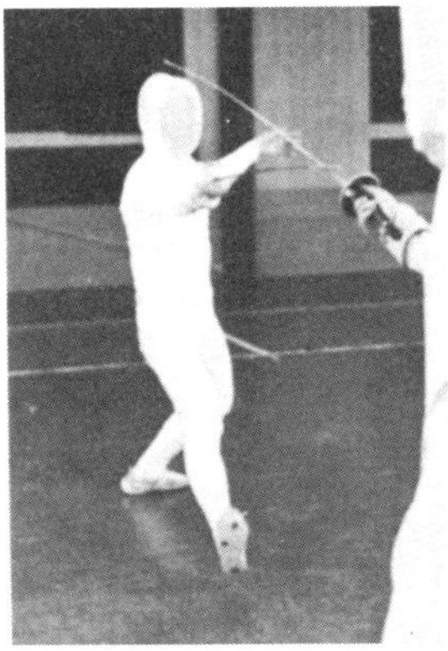
2 A

3 A

4 A

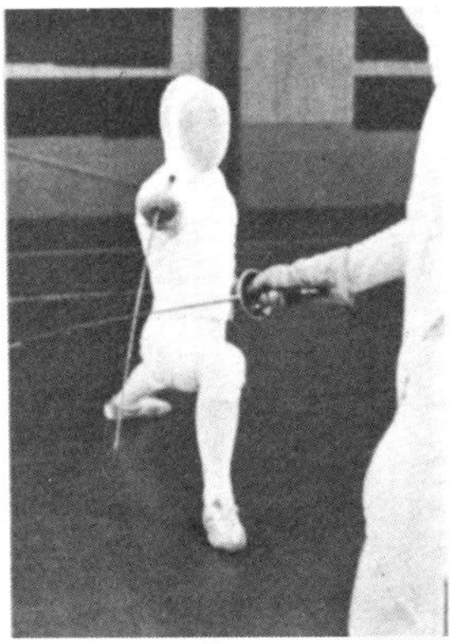
5 A

6 A

7 A

8 A

9 A

10A

11A

12A

상대의 쿠로와제에 대한 옥타브・오

● 상대의 쿠로와제에 대한 옥타브・오

공격에 들어가(①～②), 상대(A자기쪽, B우측)의 카르트에서의 쿠로와제에 대한 빠라드・옥타브・오(Parade Octave Haut＝높은 위치의 빠라드・옥타브 ③～⑦)이다. 거기에서부터 손바닥을 쁘르네숑으로 하면서 검끝을 가운데로 향하고 리뽀스트 한다(⑧～⑫).

그리고 빠라드・옥타브・오의 가아드의 위치는 상대에게 검을 잡히는 때와 같은 높이로 하고 검끝을 밖깥쪽으로 흐르는 듯한 느낌으로 냅니다. 빠라드가 완료하자마자 재빨리 리뽀스트에 들어가는 것이다.

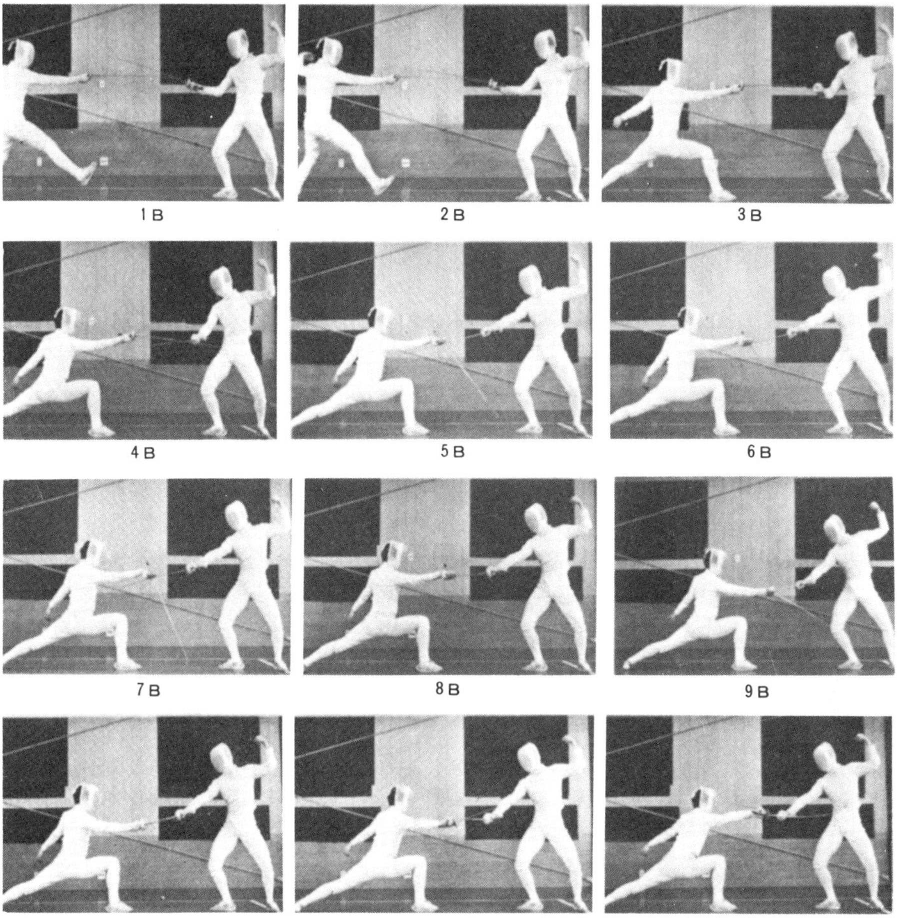

1B 2B 3B 4B 5B 6B 7B 8B 9B

옆에서 10B 11B 12B

리뽀스트를 확실하게 투슈하는 데는 상대의 가아드에 부딪치지 않도록 자신의 가아드를 밖깥쪽으로 유지하는 것이 포인트이다. 피닛슈로는 상체를 더욱 앞으로 기울인다.

● 식스트의 오뽀지숑에 대한 쁘림

공격에 들어가 (①~②) 상대(A자기쪽, B우측)의 식스트에서의 리뽀스트 · 오뽀지숑을 쁘림으로 빠라드(③~⑦), 거기에서부터 리뽀

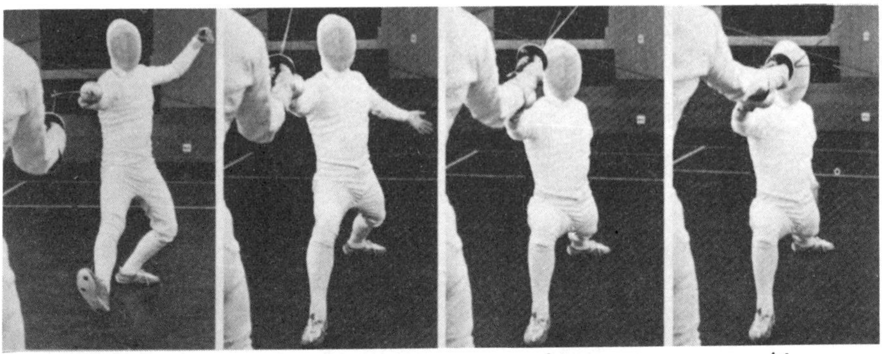

1 A 2 A 3 A 4 A

5 A 6 A 7 A 8 A

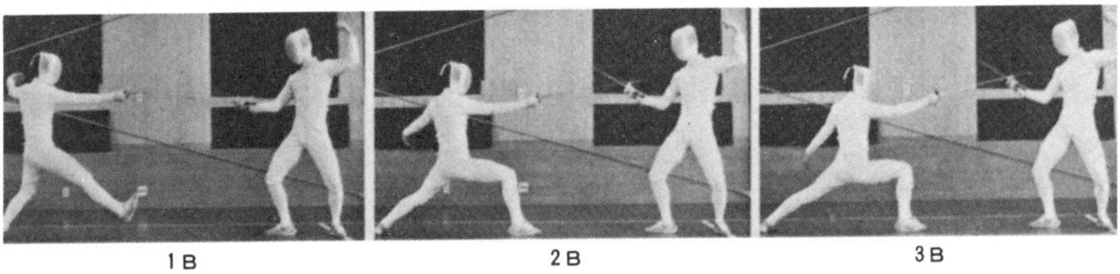

1 B 2 B 3 B

4 B 5 B 6 B

9 A

10A

식스트의 오뽀지숑에 대한 쁘림

7 B

8 B

9 B

10B

스트를 행한다(⑧~⑩). 리뽀스트·오뽀지숑을 행하는 상대의 힘을 더욱 조장하도록 하여 손바닥을 쁘로나숑으로 돌려 쁘림을 행하면 좋다. 그렇게 하면 그것에 의해 가아드는 눈의 높이 정도까지 올라와 가아드의 그 위치를 유지한 채 리뽀스트하는 것이다.

Contre-Attaques
콘트르·어텍크

상대의 어텍크, 또는 공격적 동작에 대해 행해지는 공격. 지정 공격이라고 불리워지며 쿠·드·탕, 아레의 두가지 종류가 있다.

● 아레·앙·롱빵 **Arrêt En Rompant**

팡트를 동반한 아레이다. 상대(우측)가 공격의 준비로써 어텍크·오

콘트르·어텍크의 변형

·페르를 할때(①~②), 팔을 펴 팡트를 동반한 아레를 행한다(③). 주의할 것은 상대가 어텍크·오·페르를 행한 순간에 팔을 펴는 것. 팡트로 거리를 좁히는 것에 의해 상대의 최종 동작의 수행을 저지, 또는 실패시키는 타이밍, 거리로 행하는 것이다.

1 2

3 4

아레·앙·롱빵

1 2

식스트의 쿠·드·탕

3

상대가 어느 리뉴로 어텍크·오·페르해도 검은 접촉한 채 행하는 것이 많기 때문에 결과적으로는 다음에 서술할 쿠·드·탕과 같은 형이 된다.

● 식스트의 쿠·드·탕

공격 동작을 개시한 상대(오른 쪽)를 잘 관찰하고(①), 그 최종 동

1 2

옥타브의 쿠·드·탕

3

카르트에서의 쿠로와제

더킹한 콘트르·어텍크

작이 시작된 순간, 검을 식스트로 잡고(②), 그대로 팔을 펴서 팡트한다(③).

● 카르트에서의 쿠로와제

상대(왼쪽)의 공격을 앞에 기술한 것과 마찬가지로 잘 관찰하고(①), 최종 동작에 맞추어 카르트의 쿠로와제로 투슈한다(②~④).

쿠·드·탕은 다른 기술의 수행과 마찬가지로 거리와 타이밍이 성·불을 가린다. 따라서 거리는 상대가 투슈를 취하여 오는 거리(최종 동작으로 들어가는 거리)까지 끌어당겨 붙여 행한다. 그 전에 쿠·드·탕의 기미를 보여서는 안된다.

타이밍은 상대가 최종 동작에 들어간 순간에 개시하고, 그 동작의 완료시는 (즉 상대의 팡트의 완료 시) 투슈하는 것이다. 사진의 예는 쿠·드·탕을 행하는 사람도 팡트하고 있는데, 상대가 더욱 깊이 들어오는 경우는 팔을 펴는 것 만으로도 행하는 것이 가능하다.

Contre-Temps
콘트르·탕

콘트르·어텍크에 대한 모든 대항 동작이다.

● 카르트의 콘트르·탕

상대(맞은편)의 검을 식스트로 잡으러 가며(①), 상대의 데롭

아레·앙·롱빵

콘트르 · 어텍크(가까운 쪽)를 쿠로와제로 콘트르 · 탕한다.

1

2

3

4

카르트의 콘트르·탕

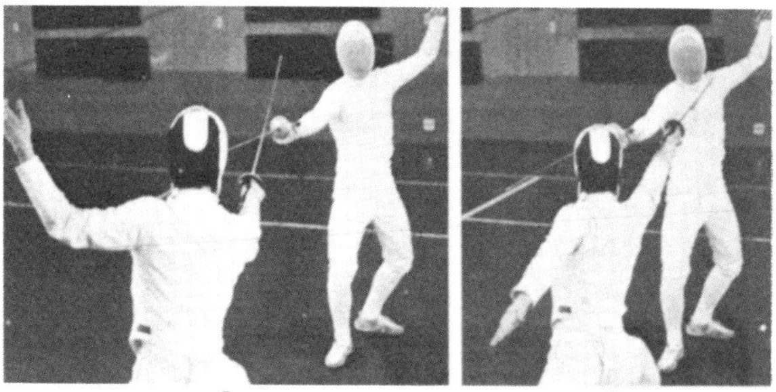

5 6

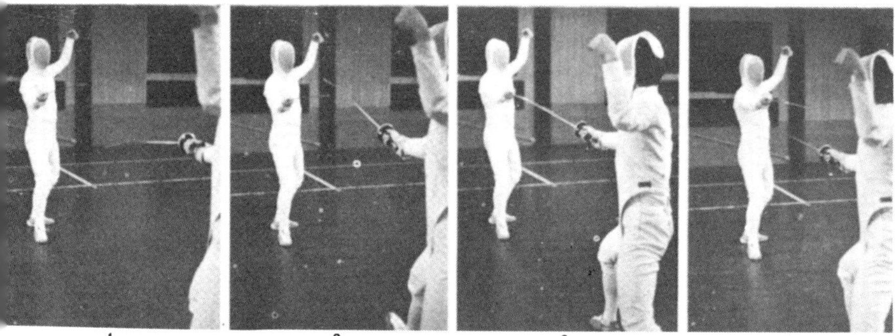

1 2 3 4

5 6 7

식스트의 콘트르 · 탕

망에 의한 콘트르 · 어텍크(②～③)를 카르트로 빠라드 하고(④), 투슈한다 (⑤～⑥).

● 식스트의 콘트르 · 탕

상대(맞은편)의 검을 카르트로 잡으러 가며(①~③), 상대의 대롭망에 의한 콘트르 · 어텍크를(④), 식스트로 빠라드 하며(⑤), 두수를 투슈한다(⑥~⑦). 쁘레빠라숑, 특히 전진을 동반한 어텍크 · 오 · 페르를 행하기 전에는 항상 상대의 콘트르 · 어텍크를 염두에 두어야 한다. 여기에서는 빠라드 · 상쁘르에 의한 콘트르 · 탕을 예로 드는데, 실제로는 빠라드 · 콘트르, 쁘리즈 · 드 · 페르 등도 사용 가능하다. 또 상대가 팡트를 동반한 아레를 낸 경우는, 팔의 동작만으로 콘트르 · 탕을 행할 수 있다.

Variétés D'Attaques
빠리에테 · 다텍크

● 르미즈 Remise

빠라드에 의해 멀리 보내진 검을 다시 본래로 되돌리는 것이다. 카르트로 빠라드 되어진 검을(①), 상대(가까운 쪽)의 데가쥬망에 대해, 재빨리 본래의 위치로 되돌아 온다(②). 이 경우, 통상의 팡트보다 상체를 조금 깊이 앞으로 기울여뜨리는 편이 좋다. 이것에 의해 투슈는

르미즈

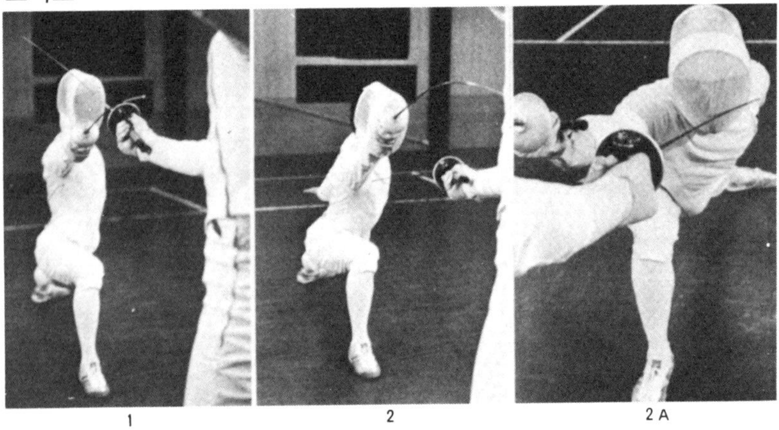

1 2 2A

1

2

3

4

5

6

르두브르망

7

빠르고, 가까이 있는 가아드 때문에 상대는 데가쥬망이 어렵게 된다.

②A는 상대의 리뽀스트가 카르트에 올때, 마스크로 그것을 빠스시키면서 르미즈하는 방법이다.

● 르두브르망 Redoublement

빠라드, 내지는 빠라드 하지 않으며 후퇴하고, 겨우 공격을 피한 상대에 대해 가하는 새로운 동작이다. 공격하고(①~④), 상대(우측)가 조금 후퇴(④) 한다. 그것을 뒷발을 끌어 당겨 붙이며 (⑤~⑥),

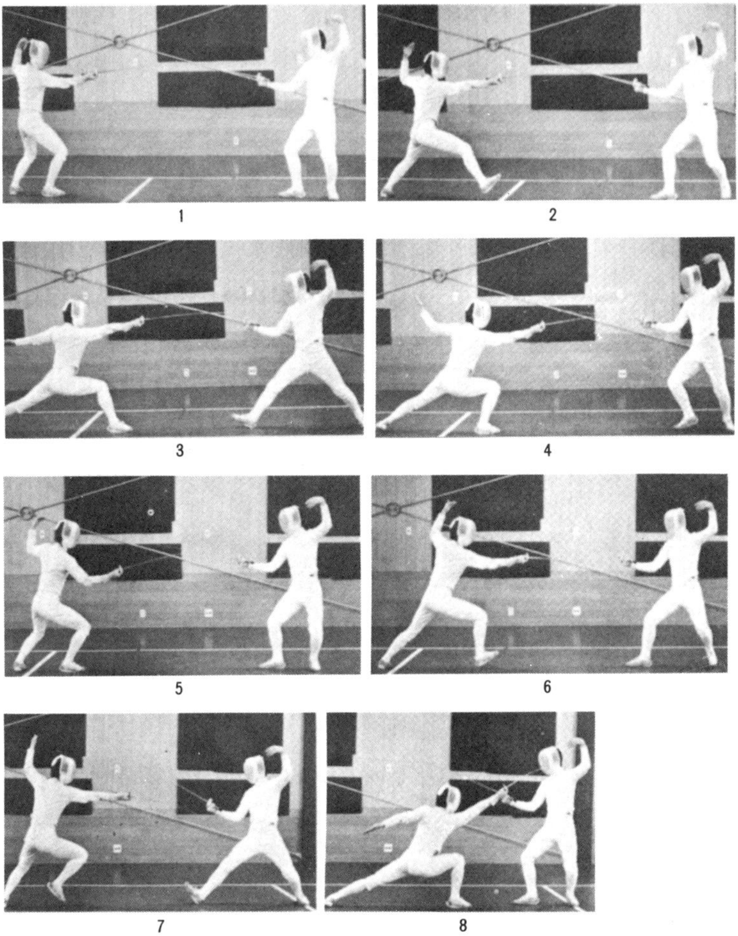

르쁘리즈 · 다텍크

다시 팡트로서 투슈한다(⑦). 다만 상대가 후퇴에 의해 충분히 거리를 유지한 경우는, 르두브르망을 사용해서는 안된다. 상체가 앞으로 기울여진 채 행하고, 뒷발을 끌어당겨 붙인 순간에 팡트로 이동한다 (사진 ⑤, ⑥ 참조).

● 르쁘리즈 · 다텍크 Reprise D'attaque

공격 후, 앞이나 뒤로 자세로 바로하고 그 직후에 행하여지는 신공격이다. 공격하고(①～③), 후퇴한 상대에 대해 앙・가르드・앙・나방하고(③～⑤), 새로운 공격으로 이동한다(⑥～⑧). 사진 ④의 단계로 상대의 상태를 보고 다음으로 무엇을 행하여야 할 것인가를 생각하며 준비 자세와 함께(⑤), 동시에 그것을 수행하는 것이다. 그 경우 최초의 어택크와의 관련으로 리듬이나 코스를 변화시키면 좋다. 2번째의 공격의 직전에는 콘트르・어택크를 겨냥당하기 쉬운 것을 고려해 두어야 할 것이다.

Combat Rapproché
접근전

가까운 거리로, 코르・아・코르(Corps à corps. 서로의 신체가 접촉한다) 시키지 않고, 검이 정상적으로 다루어지는 상태로 행하는 전투.

●투슈・빠르・두수 Touche Par Dessous

아래에서의 찌르기이다.

팡트하고, 통상의 거리보다 가깝기 때문에 상대도 리뽀스트하기 어려울 때(①) 재빨리 가아드의 위치를 크게 내리면서 검을 세워 아래에서 찔러 올리듯이 투슈한다(②).

접근전은, 우선 상대보다 먼저 행위를 일으킬 것

●투슈 · 빠르 · 코테 Touche Par Côté

옆에서의 찌르기이다.

공격이 빠라드된(①~②) 직후에, 가아드를 옆으로 이행시키(③~④)고, 뒷발을 앞으로 보내면서 옆에서 투슈한다(⑤~⑥).

●투슈 · 빠르 · 두슈 Touche Par Dessus

상부에서의 찌르기이다.

공격한 검을 위로 상대방이 보낸 경우(①~②), 쿠뻬로 검을 빼서, 위에서 등쪽으로 투슈한다(③~④). 접근전에서 가장 중요한 것은, 상대보다 먼저 행위를 일으키는 것. 다음으로 자신의 가아드를 상대의 가아드보다도 위나 아래나 옆으로 크게 이행시키는 것이다. 또 이행되어버린 대신에, 재빨리 끌어당긴다. 3번째로, 자신부터 코르·아·코르를 하지 않는 것이고, 최후로 왼손을 방어로 사용해서는 안되는 것을 누구에게라도 일러 주어야 할 것이다.

1

투슈 · 빠르 · 두수

2

1 2 3

4 5 6

투슈 · 빠르 · 코테

1 2

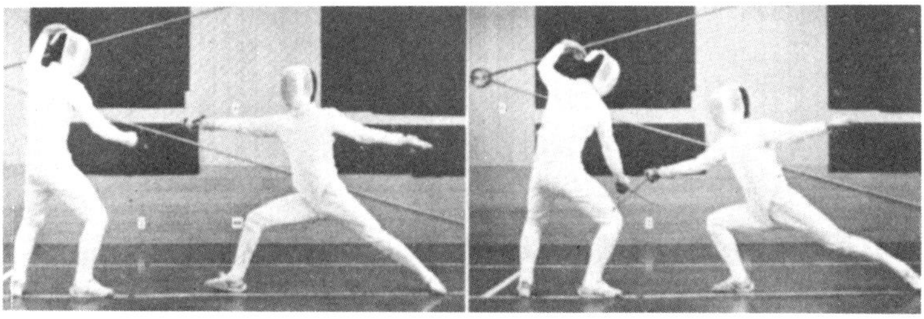

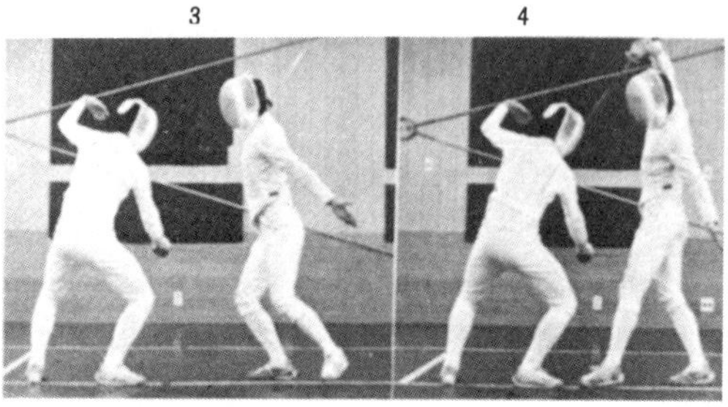

투슈 · 빠르 · 두슈

Leçon
렛슨의 조립

● 후트웍

①처음에는 지도자의 명령을 따라 천천히, 명확하게 움직인다. 그리고 점차로 움직임을 빠르게, 최후는 실전과 같은 스피드로 움직인다. 명령을 천천히 하는 사이는 발바닥을 바닥에 붙이고 움직이는데, 명령을 빠르게 하면 양쪽의 뒤꿈치를 조금 떼고 움직일 것.

명령에 의한 동작을 다음에 열거해 본다.

마르슈(명령으로는 마르쇄)

롱쁘르(명령으로는 롱빼)

봉 · 나방

봉 · 나레르

팡트 (명령형은 팡데 · 브)

쿠 · 드로와 · 앙 · 말샹

바레스트라

②다음으로 호루라기를 사용한다. 선수는 자유로 움직이고, 또는 빠르게 전진, 후퇴하며 움직이고, (이때, 항상 자신의 앞에 상대가 있다고 상상할 것) 호루라기가 울리면 그것을 신호로 정해진 동작(후에 서술)을 행한다. 호루라기가 공격의 찬스인 것이다. 하나의 동작을 1～3분간, 체력과 레벨, 연습 시간에 따라 행한다.

소정의 동작을 다음에 들었다.

쿠 · 드로와

쿠·드로와·앙·말샹
바레스트라(선수에게는 봉·나방, 봉·나레르를 시킨다)
아레·앙·롱빵(때에 따라서는 이 동작 종료 후에 어텍크를 행한다.)
듀·마르슈·팡트
르쁘리즈·다텍크 각종
르두브르망
프렛슈 각종

●샹쥬망·당가쥬망

〈I. 명령에 의한다〉

정확히 동작을 기억시키기 위하여 최초에는 천천히 명령을 한다.

①샹쥬망의 연습을 하는 자가 식스트의 앙가쥬망으로 준비 자세를 취한다. '샹제'의 명령으로 카르트로 이행시킨다. 다음의 '샹제'로 본래의 식스트로 되돌아온다.

②이것을 10회 정도 반복한 다음, '듀·샹제'의 명령을 한다.

③몇 회인가 '듀·샹제'을 행한 다음, '샹제'의 명령을 내고, 가르드·뽀지숑을 바꾸어, 다시 '듀·샹제'를 행하게 한다.

④명령에 습관이 되면 '샹제'와 '듀·샹제'를 적절하게 믹서시킨다.

⑤①~④의 요령으로 낮은 리뉴의 샹쥬망·당가쥬망을 행한다.

⑥대각선을 통하는 샹쥬망·당가쥬망을 행한다(예 : 식스트↔셉팀, 카르트↔옥타브)
명령은, 예를 들면 식스트의 앙가쥬망의 때는 '샹제·셉팀'이라고 말하고, 카르트의 앙가쥬망으로는 '샹제·옥타브'라고 한다.

⑦①~⑥까지는 혼합하여 명령을 한다.

⑧전진, 후퇴를 동반한 샹쥬망·당가쥬망을 행한다. 명령이 전진을 동반하는 경우 '샹제·앙·말샹', 후퇴의 경우 '샹제·앙·롱빵'이 된다. 전진, 후퇴 각 1회, 샹쥬망 또는 듀·샹쥬망을 1회 행하도록 한다. 통상은 이상의 명령으로 좌·우로 이동시키는데, 특정의 뽀지숑으로 이행시키는 경우는, 그 뽀지숑의 각 명칭을 말한다. 예를 들면 '샹제·식스트·앙·말샹', '샹제·옥타브·앙·말샹'이 된다.

⑨⑧은 명령이 길고, 동작이 작다. 이 폐해를 없애고 선수의 자주성을 유지하기 위하여, 다음의 약속을 세웠다. 지도자가 '마르쇄' '롱뻬'

'마르쇄・듀・포아 : 마르슈 2회', '롱뻬・듀・포아' 등의 명령을 내린다. 선수는 원 스텝의 명령에 대해 1～2회의 상쥬망을, 투 스텝의 명령으로는 2회 또는 1회의 상쥬망을 행한다.

〈Ⅱ. 명령 없이 행한다〉

①튀쳐역이 자유로이 전진, 후퇴하는 것에 대하여, 선수는 맞추어 움직이면서, 자유로이 샹쥬망을 행한다. 이것은 공방으로 이용하는 몸의 자세를 취함과 동시에, 디스턴스의 감각을 키울 수 있다.

②①의 반대. 샹쥬망을 행하는 자가 움직이고, 튀쳐역은 맞추어 움직인다.

③선수 모두 자유로운 타이밍으로 움직이고, 필요에 따른 샹쥬망을 행한다.

㈜ 후트웍, 콤비네이션 연습의 시간은 선수의 레벨이나 허용되어진 시간에 의해 정해지는 것이다. 평균적인 연습으로는 워밍업, 후트웍, 팔운동의 연습으로 전체의 시간중 3분의 1을 배당시키는 것이 적당하다.

●밧트망

①식스트의 앙가쥬망으로 밧트망을 행한다.(서로 연속적으로) 정확성을 유지하기 위하여 정지한 상태로 행한다.

②다음에 후트웍을 동반하여 행한다. 한편이 전진하고, 상대는 후퇴하면서 교우하여 밧트망하고, 체육관의 끝에서 끝까지 왕복한다. 밧트망은 발의 움직임이나 정지에 관계없이, 스타트에서 종료까지 계속해서 행한다. 체육관의 반환점에서는 전진하고 있던 선수가 발을 멈춘다(밧트망은 계속하고 있는다). 그것을 보고 상대도 발을 멈추고, 전진역, 후퇴역을 교대하는 것이다. 넓은 체육관(바스켓 코트 2면 정도)이라면 1번 왕복 정도가 적당한데, 좁은 장소에서는 시간을 제한하여 30초～1분 동안 행한다.

③①②의 요령으로 카르트의 앙가쥬망에서 행한다.

④①②의 요령으로 옥타브, 셉팀으로 밧트망을 행한다.

⑤①②의 요령으로 한편의 선수가 밧트망하고, 상대는 샹쥬망・밧트망(보통은 상쥬망・밧테라고 한다)한다. 샹쥬망・밧테를 행하는 선수는, 밧트망의 종료시에 그 리뉴를 쿠베르하고 있을 것. 그것을 지키

는 것에 의해 뽀지숑·데스크림의 습득에도 관계가 있는 것이다.

⑥⑤의 요령으로 낮은 리뉴도 행한다.

⑦한편의 선수가 쁘림과 스콩드로 밧트망하고, 상대는 낮은 리뉴로 샹제·밧테를 행한다.

⑧그 반대 쁘림과 스콩드로 샹제·밧테를 한다.

⑨서로 식스트와 옥타브를 동시에 밧트망한다.

⑩그 반대, 카르트와 쁘림으로 행한다.

● 빠라드·콩뽀제

상급자라고 해도 이 렛슨은 안전을 기하기 위하여 쌍방 모두 마스크를 하고 행하여야 한다.

①공격자와 방어자로 나뉜다. 공격자는 체육관의 끝으로, 벽을 등지고 선다. 방어자는 무쥬르로 서로 마주한다.

②공격자는, 1보 전진하면서 팔을 펴고 펭트한다. 방어자는 후퇴하면서 그것을 빠라드한다(상세한 것은 ⑦).

③공격자는, 더욱 다른 리뉴로 펭트하면서 전진, 방어자는 1보 후퇴하면서 그것을 빠라드한다.

④공격자는 리뉴를 바꾸어 펭트한다. 방어자는 상대의 펭트의 깊이에 따라 내려가면서 3번째의 빠라드.

⑤②~④을 계속하여 행한다.

⑥단체 렛슨의 경우는 체육관의 끝에서 끝까지 가면서 공·방을 교대한다.

⑦②~④로 행하는 공격과 방어의 기본 패턴은 이하 대로이다.

1. 식스트에서, 카르트→식스트→콘트르·식스트
2. 카르트에서, 식스트→카르트→콘트르·카르트
3. 옥타브에서, 식스트→옥타브→콘트르·옥타브
4. 셉팀에서, 카르트→셉팀→콘트르·셉팀
5. 식스트에서, 옥타브→식스트→쁘림
6. 옥타브에서, 식스트→옥타브→카르트
7. 셉팀에서, 카르트→셉팀→식스트
8. 식스트에서, 옥타브→식스트→셉팀
9. 카르트에서, 셉팀→카르트→옥타브

(주의 1)

6～9는 기본적인 검의 움직임은 아니지만, 전술적인 관점에서 이러한 움직임도 기억해 둘 필요가 있기에 덧붙였다.

(주의 2)

이상은 유니폼을 입지 않고 행하는 것으로 3번째의 빠라드 후, 상상으로의 리뽀스트를 낸다. 즉 맨탈·트레닝을 행하는 것이다. 단지, 유니폼을 착용하고 있는 경우는 실제의 리뽀스트를 행한다.

●어텍크·상쁘로

〈쿠·드로와〉

① 렛슨을 받는 쪽이, 앙가쥬망·식스트로 준비 자세를 취한다. (거리는 무쥬르)

②튀쳐 역은 압상스·드·페르(리뉴를 열다)를 하면서, 두미·팡트(얕은 팡트)나 마르슈한다.

③그것에 대해 상대는 쿠·드로와(팡트가 아닌, 팔을 펴기만 한다 ＝ 상·팡트 Sans –Fente)로 투슈한다. 그 직전에 앞발의 무릎을 움직이지 말 것. 무릎을 앞으로 움직이는 나쁜 습성이 붙으면 시합시에 팔보다도 먼저 움직이고, 콘트르·어텍크의 좋은 먹이가 되기 쉽다. 단지 팔이 완전하게 펴진 다음, 무릎의 이동은 그 범위에 들지 않는다.

④②③을 몇 번이나 행한 검이 스무스하게 펴지도록 했으면, 튀쳐 역은 무쥬르로 압상스·드·페르하고, 상대에게 팡트시킨다. 튀쳐 역은 상대의 투슈의 직전, 검을 빠라드의 형으로 가볍게 합쳐지게 해도 좋다. 합쳐지는 타이밍은 투슈와 동시가 바람직하다. 그렇게 하면 이것에 의해, 피닛슈의 가속이나 뻗음이 없는 선수는 투슈가 불가능하고, 튀쳐역은 그 경우에 지적이 가능하다. 또 이 방법이보다 실전적인 검의 감각(상티몽·드·페르)을 기억시킬 수 있다. 그다음 그 어텍크의 피닛슈의 세부의 교정을 행하고, 그 뒤 합쳐진 검으로 상대의 가아드를 가볍게 누르듯이 치는 '앙·가르드'의 호령으로 준비 자세로 되돌아가도록 한다.

⑤앙·가르드로 되돌아오기 직전, 선수는 튀쳐 역의 검이 있는 리뉴를 쿠베르한다. 어느 렛슨에서도 마찬가지로, 돌아올 때는 튀쳐 역의 검이 있는 리뉴를 쿠베르해야 하고, 튀쳐 역은 상대가 바른 뽀지숑

으로 되돌아갔는지 어떤지를 책크한다. 바르지 않은 경우는 그 즉시 지적하고, 교정시킨다. 그다음 다음의 렛슨을 시작하는 것이다.

⑥튀쳐 역은 카르트로 데가쥬망(팡트를 동반) 하고, 상대에게 빠라드·카르트·리뽀스트시킨다. 주된 렛슨은 어텍크로 투슈하는 것에 있는데, 공·방을 동시에 기억시키는 의미로, 때때로 이런 리뽀스트를 시키는 수도 있는 것이다.

⑦④~⑥을 반복해 행한다. 1회의 렛슨으로, 정확한 동작을 10회 이상 반복한다.

⑧튀쳐 역은 1보 후퇴하면서 압상스·드·페르한다. 상대를 검끝으로 유도시키듯이 팔을 펴면서 1보 전진하고, 팡트한다(쿠·드로와·앙·말샤)

⑨앙·가르드로 돌아올 때는 ⑤와 같은 요령으로, 또 리뽀스트는 ⑥과 같은 요령으로 행한다.

〈쿠뻬〉

①식스트의 앙가쥬망에서 튀쳐 역이 쁘레나숑(또는 오뽀지숑) 하면서 전진, 또는 두미·팡트. 상대는 팔만으로의 쿠뻬로 투슈한다.

②쿠뻬의 렛슨도 요령은 앞에서 기술한 쿠·드로와와 같다. 다만 쿠뻬하기 때문에, 앙·가르드로 돌아오는 때의 쿠베르는 카르트가 된다. 또 빠라드·리뽀스트도 식스트 쪽에서 행하는 것이 된다.

〈데가쥬망〉

①식스트의 앙가쥬망에서, 튀쳐 역이 카르트에서 샹쥬망하면서 전진 또는 두미·팡트. 상대는 그것에 대하여 데가쥬망한다. 이 경우 거리가 가깝기 때문에, 리뉴를 바꾼다음 팔을 편다.

②이상의 렛슨은 위의 쿠뻬한 ②와 같이 쿠·드로와의 요령으로 행한다. 단지, 튀쳐 역의 어텍크를 빠라드·콘트로·드·식스트로 방어한 다음 리뽀스트한다.

(주의)

이상이 어텍크·상쁘르 렛슨의 조합 방법이다. 한번 이대로 행했으면, 다음은 최초의 앙가쥬망을 카르트로 바꾸어 같은 요령으로 행한다. 즉, 쿠베르, 빠라드의 뽀지숑은 거꾸로가 되게 된다. 이렇게 하는 것에 의해 어텍크의 6가지 종류(쿠·드로와, 쿠뻬, 데가쥬망을 2

가지의 리뉴에서), 빠라드 · 리뽀스트 4가지 종류(카르트, 식스트, 콘트르 · 카르트, 콘트르 · 식스트)의 연습을 행할수 있다.

게다가 조금 어렵기는 하지만, 낮은 리뉴(옥타브, 셉팀)라도 같은 요령으로 행할 수 있다.

● **빠라드 · 상쁘르**

〈카르트〉

①식스트의 앙가쥬망에서 튀쳐 역이 데가쥬망하고, 상대는 그것을 빠라드 · 카르트로 방어하고 리뽀스트한다. 리뽀스트는 튀쳐 역의 카르트 쪽으로 1. 드로와, 2. 슈르 · 르 · 페르, 3. 앙 · 카방의 3가지 방법. 반대의 리뉴로 1. 데가쥬망, 2. 쿠뻬의 2가지 방법을 각각 행한다.

(주의 1)

데가쥬망, 쿠뻬의 리뽀스트의 직전 튀쳐의 역은, 상대가 하기 쉽도록 빠라드 · 레베테 (cparde Repetée＝상대의 빠라드에 이어 즉시 빠라드 하는 것) 한다. 또 낮은 리뉴로도 1. 데가쥬망, 2. 쿠뻬의 2가지 방법으로 행한다. 리뽀스트 · 콩뽀제로서는 유누 · 두, 두브르망의 2가지를 행한다.

(주의 2)

그 경우 튀쳐 역은 상대의 팡트에 대해 빠라드 · 상쁘르 또는 빠라드 · 콘트르로 응수한다.

②식스트의 앙가쥬망에서, 튀쳐 역의 샹쥬망에 대해 상대도 샹주망으로 응수한다. 튀쳐 역은 그 때에 데가쥬망 한다. 이후의 요령은 앞에 기술한 ①과 같다.

③앙가쥬망하지 않고, 먼 거리에서 튀쳐 역이 전진을 동반하여 공격한다. 상대는 거리에 따라서, 그 즉시 또는 적당한 후퇴를 하여 빠라드 한다. 리뽀스트의 요령은 ①과 같다.

〈식스트〉

①카르트의 앙가쥬망에서 튀쳐 역이 데가쥬망하고, 상대는 빠라드 · 식스트로 그것을 방어하고 리뽀스트 한다.

②식스트의 앙가쥬망에서 튀쳐 역이 카르트로 샹쥬망, 또는 검을 낸다. 상대는 그것에 대하여 앙가쥬망을 카르트로 변경. 튀쳐 역은 그때

에 데가쥬망하고 상대에게 리뽀스트 시킨다.

③리뽀스트는 카르트에서의 리뽀스트와 리뉴가 변한 것 뿐으로 요령은 같다.

〈옥타브〉

①식스트의 앙가쥬망에서 튀쳐 역은 옥타브로 검을 내고 상대에게 빠라드・옥타브에서 리뽀스트 시킨다. 이 경우의 리뽀스트는 빠라드한 시점에서 튀쳐 역의 가아드가 높은 위치에 있는 경우는 그대로 옥타브로, 리뽀스트(낮은 리뉴로의 리뽀스트는 손바닥이 쁘로나숑, 슈삐네숑의 2가지 방법을 행한다) 가아드가 낮은 위치에 있는 경우는 높은 리뉴로 데가쥬망 한다.

〈셉팀〉

①카르트의 앙가쥬망에서, 튀쳐 역이 셉팀으로 데가쥬망 한다. 상대는 그것을 빠라드・셉팀하고 팔을 펴서 리뽀스트 한다. (안쪽으로의 리뽀스트는 아래의 리뉴도, 위의 리뉴도 방법에 큰 차이가 없다) 또 이 빠라드・뽀지숑에서의 리뽀스트는 앞에서 기술한 다른 쿠뻬로 허리, 등, 가슴의 안쪽으로 변화시켜 행하기가 쉽다. 빠라드・셉팀에서 허리로의 데가쥬망은 상대에 있어서 방어의 맹점으로 여겨지기 쉽다.

(주의)

빠라드의 방법은 이 외에도 있는데, 기본의 빠라드・리뽀스트로서 앞서 기술한 부분에서 방법을 열거했다.

● 어텍크・콩뽀제

유누・두, 두브르망, 두슈・두수의 3가지 방법에 대해서 이하의 방법으로 행할 수 있다.

〈정지한 상태에서〉

①앙가쥬망에서, 튀쳐 역은 쁘레숑, 샤쥬망, 압상스・드・페르를 적절하게 행한다. 그것에 대해 상대는 리뉴로 최초의 펭트를 낸다.

②튀쳐 역의 빠라드・상쁘르 또는 빠라드・콘트르를 트롱쁘망하고, 피닛슈의 리뉴를 투슈한다.

③앙・가르드로 되돌아온 때는, 어텍크・상쁘르의 항과 마찬가지 요령으로 쿠베르하고, 리뽀스트 한다.

〈전진을 동반하여〉

①튀쳐 역이 후퇴하면서 적절한 쁘레숑, 샤쥬망, 압상스 · 드 · 페르 한다. 상대는 그것에 대하여, 최초의 펭트를 내면서 전진한다.

②공격 및 앙 · 가르드로 돌아오는 요령은 앞의 기술 ②와 같다.

〈전진에 대하여〉

①무쥬르 밖에서 튀쳐 역이 전진하면서 앙가쥬망하는 것에 대해 상대는 비어있는 리뉴로 최초의 펭트.

②앞에 기술한 ②③과 같은 요령이다.

〈앙가쥬망 · 앙 · 말샤으로〉

①무쥬르 밖에서 튀쳐 역은 낮은 리뉴의 준비 자세를 취한다.

②튀쳐 역이 그 곳에서 검을 올린다. 또는 후퇴하면서 검을 올린다.

③그것에 대 하여 상대는 전진하면서 앙가쥬망하고, 최초의 펭트를 낸다.

④앞에 기술한 ②③과 같다.

(주의)

이 단계에서 일련의 렛슨이 정확하게 그리고 스피드하게 행할 수 있도록 되면, 튀쳐 역은 상대의 최종 공격을 때때로 리뽀스트하고 콘트르 · 리뽀스트의 연습도 하는 것이 좋다.

● 어텍크 · 오 · 페르

〈밧트망〉

①압상스 · 드 · 페르에서

㉠튀쳐 역은 낮은 리뉴의 준비 자세를 하고, 상대는 높은 리뉴의 자세를 취한다.

㉡튀쳐 역이 검을 상대의 카르트 쪽으로 내린다.

㉢상대는 그 검을 밧트망하여 공격한다. 이 경우의 공격은 어텍크 · 상쁘르, 어텍크 · 콩뽀제의 항에서 기술했던 것을 응용한다.

예 : 밧트망에서의 쿠 · 드로와
밧트망에서의 데가쥬망
밧트망에서의 쿠뻬
밧트망에서의 두수
밧트망에서의 쿠뻬 · 두수
밧트망에서의 유누 · 두

밧트망에서의 두브르망

㉣㉠에 대하여 샹쥬망·밧트망한다. 계속해서 행하는 공격은 리뉴는 변하지만, ㉢의 경우와 같다.

② 앙가쥬망 또는 샹쥬망에 대하여

㉠튀쳐 역이 앙가쥬망에서 샹쥬망 한다. 또는 압상스·드·페르에서 앙가쥬망한다.

㉡그것에 대하여 상대는 밧트망(또는 샹쥬망·밧트망)하고, 공격한다. 방법은 ①㉢과 같다.

③ 압상스·드·페르에서

㉠무쥬르로 서로 마주하고, 튀쳐 역이 내리면서 검을 리뉴로 낸다.

㉡상대는 그것에 대해 전진하면서 앙가쥬망하고, 밧트망 또는 샹쥬망·밧트망 한다.

㉢이어서 행하는 공격은 ①㉢과 같다.

〔주의 1〕

쁘레숑, 후로와스망도 이상의 밧트망과 같은 요령으로 행한다.

〔주의 2〕

이 렛슨 중 리뽀스트, 콘트르·리뽀스트를 조합시키는 것은 어텍크·상쁘르, 어텍크·콩뽀제의 항에서 서술한 것과 같다.

〔주의 1〕

각표 모두 각 동작을 개개인이 연습한 후, 표에 나타나 있는 렛슨에 들어간다.

〔주의 2〕

각 동작을 행하는 경우, 또 각표의 렛슨을 행하는 경우, 우선 천천히 정확하게 행한다. 정확하게 하는 것이 가능해지면 스피드를 붙여간다.

〔주의 3〕

각 렛슨을 정지한 상태로 행하는데, 익숙해지면 점차 전진, 후퇴하면서 행한다.

〔주의 4〕

각 렛슨은 선수의 레벨에 따라 적절한 조합을 하고,변형하여 행할 수 있다.

〔주의 5〕

어택크시키는 경우의 연습의 전진은, 후트웍의 항에서 서술한 앙·말상, 바레스트라, 아펠, 프렛슈를 적용하여 사용한다.

〔주의 6〕

이 표는 올라운드의 기술을 몸에 익히기 위한 것이다. 이것을 전부 하는 것은 시간을 대량으로 필요로 하고, 효과도 내기 어렵다. 중요한 것은, 그 시간 시간의 과제(공격 또는 방어)를 명확하게 깨우치고 그것을 중심으로 렛슨을 조합시킨다.

강한 선수를 키우는 데는 스피드, 디스턴스, 타이밍을 갖춘 공격 2～3, 방어 2～3을 확실하게 몸에 익히고, 자신의 특기를 개발하는 것이 좋다.

Tactique
전술

전술은 다른 스포츠에서도 필요시 되어지지만, 특히 펜싱에서는 빼놓을 수가 없다. 펜싱에 있어서 종합적인 경기력이란 기술, 체력, 정신력 그리고 전술을 더한 것이라고 이해하여야 한다. 작은 기술, 다른 사람보다 약한 체력이라도 전술면에서 우수하다면 우승도 가능하다. 하물며 기술, 체력이 같다면 전술에서 위에 있는 선수가 이기는 것이다. 과거 일본은 세계의 강국과 대전하여 몇 번인가 이긴 적이 있는데 그와 같은 승리는 모두 전술이 적을 눌렀기 때문이다. 라고 말해도 좋다.

● 준비 자세에서

①상대보다 먼저 자세를 취하고, 공격 태세를 충분히 준비해 둔다. 쁘레지당의 'En Garde (앙·가르드)'로 준비 자세에 들어가는 것은 늦다. 자신이 먼저 준비 자세를 하는 것에 의해 'En Garde'의 호령이 빠르게 되는 것이다.

②「Etes Vous Prêt ? (에트·브·쁘레?)」의 호령이 내려지면, 큰 소리로 「oui 위」라고 대답해야 한다. 이렇게 하는 것으로 기분을 고무할

펜싱에서는 무엇보다도 기민한 동작이 요구된다.

수 있다. 쁘레지당은 상대의 대답이 없어도 혼자서「Oui」라고 대답하면「Allez ! (아레 !)」라고 한다. 이 시점에서 주도권은 자신이 쥐고 자신의 페이스로 시합을 개시할 수 있는 것이다.

③「Allez !」라고 하면 상대보다 먼저 1～2보 마르슈해야 한다. 상대가 아직 불충분의 태세일 때에 무쥬르에 파고 들어갈 가능성이 생기고, 상대의 공격시에는 자신의 진지가 넓어지기 때문에 충분히 후퇴하면서 안전한 방어를 할 수 있다. 시합이 무판정이어서, 삐스트 위의 어디에서나 재개되는 경우, 특히 이것은 필요하다. 때때로 이 때문에 승패가 결정되어 버리는 경우가 있다.

④쁘레지당의「Etes Vous Prêt ?」의 때에 무엇인가의 이유로 준비 자세를 갖추지 못했거나, 자신이 충분한 태세를 취하지 못했을 때는 주저말고 확실하게「Non」이라고 말해야 한다. 그리고 태세를 충분히 정비한 다음, 큰 소리로「Oui」라고 하는 것이다. 쁘레지당은 상대의 소리에 관계없이 이것으로「Allez !」를 외칠 것이다.

● 시합중

①항상 다양한 후트웍을 사용하여 움직이고, 상대의 무쥬르 밖에 있어야 한다. 후트웍 중 무쥬르에 들어가는 것은 자신이 공격하든가, 상대의 공격을 예측하고 대응책을 강구할 때이다. 이렇게 하면 상대는 다소 무리한 공격을 해오든가, 쁘레빠라숑을 많이 이용한다. 상대가 무리한 공격(먼 거리에서의 시간이 걸리는 공격 등)을 하면, 당연히 충분

한 방어, 반격이 가능하다. 또 상대의 쁘레빠라숑이 많아지면 거기에 콘트르·어텍크의 찬스가 생기는 것이다.

②아무리 계속 움직여도 공격의 찬스를 잡을 수 없거나 상대가 좀처럼 시작하지 않는 때가 자주 있다. 그럴 때에도 확실하게 정지한 상태를 만들어서는 안된다. 이런 때에도, 또 전국은 5 : 5이다. 상대도 이기지 않으면 안되기 때문에, 무엇인가의 변화를 추구해갈 것이다. 그 찬스를 놓치지 않는 것이다. 그때까지 기다리지 않으면 안되는 것이다. 상대도 또 찬스를 노리고 있기 때문에, 허위의 움직임으로 속이지 않으면 안된다. (예를 들면 상대에게 유인되어 어텍크하거나, 쁘레빠라숑을 가장한 어텍크·상쁘르에 끌려 콘트르·어텍크를 내거나 하는 등)

③상대가 이쪽의 움직임에 현혹되거나 발이 들떠있는 경우는 어텍크를 걸어치면서 단숨에 승부를 결정해가는 것이 좋다. 상대는 낙심하여 하는 대로 되는 경우가 있다.

④그러나 어떤 상대라도 쉽게 져주지는 않는다. 자신도 왕성한 기력과, 좋은 타이밍과, 스피드를 절대로 필요로 한다. 상대는 자포자기의 상태가 되어 일격을 가해온다. 그것이 성공하면 기력을 회복하여 반격으로 돌아서기 때문에 이것이 연속하여 성공하면 전황은 단숨에 변하여 역전을 초래할 위험이 있다.

● 「Halte (아르트)」의 직전에

①가능한 한 자신의 동작으로 멈추게 해야 한다. 그 동작은 공격이라도, 방어라도 좋다. 「Halte」로 동작을 중단하고 상대가 찔러 들어오는 것에 대하여 아무것도 하지 않고 있으면, 그 투슈를 쁘레지당은 두·타·코·타 (Du Tac Au Tac＝순간에 행하는 동작) 로써 인정해 버리는 것이다. 그 반대라면 쉽게 유누·투슈를 얻을 수 있는 것이다.

②선수는 시합 중에 심판기를 보아서는 안된다. 심판기를 보는 선수는, 투슈되었는지 어떤지를 궁금해하기 때문이다. 거의 대부분의 경우는 램프가 켜 있기를 바라면서 보는 것이 실정이다. 그 때에 투슈되는 선수가 상당히 많다. 특히 대학 리그전이나 인터파이 등에서는 이런 케이스가 놀라울 정도로 많다.

③상대가 심판기를 보면 용서없이 투슈해야 한다.

④시합 중의 선수에게 있어서 램프는 보는 것이 아니라 귀로 듣는 것

이다. 즉「Halte！」의 신호 및 쁘레지당의 설명이나 판정으로 상황을 알면 좋을 것이다.

● 상대의 연구

〈자주 대전하는 상대〉

①투슈 되어진 기는 상대가 어디선가에서 반드시 사용해온 것이다. 그것에 대한 대응책을 강구하고 항상 예측하면서 싸워야 하는 것이다. 이 대응책으로 투슈가 가능한 경우, 상대와 극단적인 힘의 차이가 없는 한 전국은 큰 폭으로 이쪽으로 향한다. 상대에게는 의혹이 생기고 자신 스스로 실의에 빠진다. 그와 반대의 경우도 당연히 생각해야 하며 그 타개책, 또는 예상외의 공격법을 준비해야 한다. 전과 같은 기술로 투슈가능한 상대는 연구의 대상이 될 수 없다.

②몇 번이나 대전한 상대와의 시합에서는, 전술적 요소와 그것을 뒷받침하는 명확한 기술이 승부를 결정한다.

〈미지의 상대〉

①만일 그 상대의 시합을 사전에 볼 기회가 있으면 가장 좋은 투슈를 취하는 기와 동시에 약점을 찾아낸다. 그리고 자신이 이렇게 하면 어떨까 하는 대책을 종합해 두면 벌써 이미 그 선수는 자신과 대전한 상대와 다름이 없다. 상대에 있어서는 전혀 미지일 것이므로 같은 체력, 같은 기량이라면 그 차이는 실로 클 것이다.

②서로 전혀 미지이면 '먼저 자세를 취하고, 자주 움직인다'고 하는 작전의 기본을 지키고, 그리고 나서 공격의 실마리를 잡도록 노력한다.

③만일 좋은 투슈를 한다면, 5개 중 하나는 반드시 같은 투슈로 해올 것이라는 생각을 해두어야 한다.

④만일 상대가 유명한 선수인 경우 '하나의 공격이라도 성공하면 좋다'라는 생각을 하는 사람이 있는데 그것은 잘못이다. 개개의 시합에 있어서는 시작이 반인 것이다. 하나 하나가 승부인 것이다. 그 결과로 승패가 나뉘는 것이다. 기분에 있어서도 져서는 안되며 항상 공략하려는 기분을 가져야 한다. 불행하게 그 시합에서 졌다고 하더라도 모든 능력을 경주한 시합이었다면 거기에서 무엇인가를 얻고 다음의 대전에서는 한층 좋은 내용으로 임할 수 있는 것이다.

⑤무명 선수와 처음으로 대결하는 상급 선수는 결코 상대를 우습게

보아서는 안된다. 어떤 기막힌 공격을 해올지 모르며 무명 선수 쪽이 능력적으로 위에 있는 지도 모르기 때문이다. 역시 기본적인 전술에 기반을 둔 전개를 해야 한다.

⑥무명 선수를 상대로 최선을 다하여 싸우는 것을 창피하게 생각하는 풍조를 볼 수 있다. 또 투슈를 당해 놓고는 벤치의 동료를 향해 '가끔 공격도 당해 준다'는 식의 제스츄어를 하는 선수도 볼 수 있다. 이러한 행위는 없어져야 한다.

⑦무명 선수가 기가 꺾여 힘을 내지않고 있을 때는, 단숨에 공격하여 한 번의 투슈라도 당하지말고 단시간에 승부를 결정해버려야 한다. 그렇지만 상대에게 힘의 차이를 확실히 인식시켜 '다음 기회에는 반드시 이기겠다' 등의 기분을 상대편이 일으키지 않도록 하는 것이 필요하다.

〈장신 선수와의 시합〉

①자신도 투슈할 수 없지만, 장신의 선수도 투슈할 수 없는 거리로 시합을 전진시킨다. 이런 식으로 처음의 5분을 싸운다.

②이렇게 하면, 장신의 선수는 투슈하기 위하여 전진(어텍크가 아니다)하여, 여분의 거리를 좁힌다. 이런 찬스를 잡아 공격하는 것이다.

③또는 상대의 전진에 대하여 충분히 후퇴하고, 상대에게 시간이 걸리는 공격을 시켜, 빠라드·리뽀스트, 또는 쿠·드·탕 등으로 투슈를 겨냥한다.

④절대해서는 안될 것은 상대가 투슈 가능하고, 자신이 투슈 불가능한 거리에 서지 말 것.

⑤장신 선수 중에서 접근전에 뛰어난 사람이 있는데 대체로 그런 경우는 적다. 따라서 접근전으로는 키가 작은 선수가 유리하다.

⑥키가 크지 않은 선수에게 대하여 장신 선수는 콘트르· 어텍크를 많이 사용한다. 또 용이하게 내기 쉽다. 콘트르·탕의 준비가 있으면 투슈를 할 찬스를 많이 잡을 수 있다.

⑦ 1번 콘트르·탕이 성공하면, 상대는 당연히 콘트르·어텍크를 펭트로 사용할 것이다. 그 징조가 보이면 어텍크·상쁘르로 투슈를 하도록 작전의 바꿈을 행한다.

⑧어떤 경우에라도 장신의 선수와의 시합에서는 리치에서 떨어지는

약점을 후트웤으로 커버해야 한다.

〈키가 크지 않은 선수와의 시합〉

①자신은 무쥬르안, 또는 무쥬르에서 조금 떨어진 거리(작은 스텝으로 무쥬르에 들어갈 수 있는 거리)를 유지해야 한다. 이렇게 하면, 상대는 전진한 다음 또는 전진하면서 공격하지 않을 수 없다. 때문에 1번은 콘트르·어텍크의 찬스가 생긴다.

②이렇게 하면 상대는 항상 콘트르·어텍크의 위협을 느끼면서 공격하는 꼴이 된다. 당연히 충분한 쁘레빠라숑을 행할 수 없고, 피닛슈 또는 피닛슈 가까이에서의 변화가 어렵다. 이 때문에 방어가 쉬워지는 것이다.

③자신이 무쥬르 안에, 상대가 무쥬르 밖에 있으면 단순·복합 공격, 또 무쥬르에서 조금 밖에 있는 경우는 짧은 스텝에 의한 가속을 붙인 공격을 행할 수 있다. 항상 자신의 무쥬르로 피닛슈에 들어가면, 콘트르·어텍크의 위협은 훨씬 적어진다.

④피닛슈에 긴 시간을 들이는 것은 경계해야 한다. 왜냐하면 쿠·드·탕을 겨냥당하기 때문이다. 키가 크지 않은 선수는 거기에서 활로를 찾으려고 하는 케이스가 많다.

⑤마음의 준비를 다시 한 번 소홀함이 없도록 한다.

〈사우스포의 경우〉

①오른손잡이 선수가 사우스포에게 약한 의식을 갖고 있는 것은, 연습의 기회가 별로 없기 때문이다. 거꾸로 사우스포는 항상 오른손잡이 선수를 상대로 하고 있기 때문에, 약하다는 의식이 없다. 오히려 같은 사우스포를 어려운 상대로 생각한다.

②왼손잡이 선수를 투슈하기 어려운 것은 피닛슈로 검이 접촉하고 있는 경우가 많기 때문이다. 이것은 가아드가 같은 선상에 위치하기 쉽기 때문에 서로 부딪쳐 투슈에 연결되지 않는 것이다. 따라서 우선 검이 접촉한 채 투슈하는 방법(오뽀지숑 등), 점차 가능한 한 접촉하지 않고 투슈하는 방법(각도를 잡아 찌르기, 예를 들면, 앙·카방 등)의 2가지 방법을 충분히 연습해야 한다.

③왼손잡이 선수가 경험이 적은 경우, 어깨 쪽으로 쿠뻬 또는 배에 피닛슈 하듯이 공격하는 것이 효과적이다. 또 이런 선수는 공격이

식스트로, 다음에는 배로 오는 케이스가 많기 때문에 명백한 대응책을 강구해 두면 좋다. 빠라드는 콘트르・카르트가 가장 많기 때문에 최저 두브르망을 준비해 두어야 한다.

④상당한 경험을 쌓은 사우스포는, 위에서 기술한 전술은 이미 알고 있다. 그러므로 위에 서술한 것 이외에 상대가 전혀 생각지 못한 전법을 사용해야 한다. 적당한 쁘레빠라숑에서의 좋은 타이밍, 바른 디스턴스, 스피드를 갖춘 카르트로의 쿠・드로와 등은 그 일 예로서 들 수 있다. 또 깊은 리뉴(오른쪽 어깨)로의 의외성이 있다.

⑤공격이 어려운 때는 무쥬르 보다도 조금 먼 거리를 유지하고 상대의 깊은 공격에 대하여 등으로 리뽀스트하는 것도 하나의 술책이다. 단지, 이런 것은 좋은 타이밍, 찬스를 노려 1회하는 것만으로 끝낸다. 상대가 경험이 풍부하기 때문에 2번의 공격은 통하지 않는다. 만일 두 번 계속해서 통하는 상대라면 그다지 겁낼 필요도 없고 다른 공격으로라도 충분히 투슈가 가능할 것이다.

● 일반적인 마음 가짐

①우승을 겨냥하는 정도의 선수는 그 경기의 특성을 잘 알아야 한다. 즉 경기장의 소재지, 참가 인원, 시합 날자, 시합 방법, 시합수 등이며, 그 시합의 규모에 충분히 견디어내는 정신적・육체적 스태미너를 갖추어야 하는 것이 제 1 조건이다. 그렇지 않은 선수는 비록 1회전에서 챔피온 크라스에게 이겼다 하더라도 그 일전으로 쇠약해져서 2회전에서는 다른 사람처럼 되어 버리는 것이다. 이것은 세계 선수권 등에서 자주 볼 수 있는 경향이다.

②상대의 실력이 자신보다 아래라고 예측되는 경우는 너무 특기를 많이 쓰지 말고 경기를 결정짓도록 한다. 주위의 라이벌 눈에 너무 빨리 솜씨를 보이지 않기 위한 배려이다. 그렇다고 해서 긴장을 풀고 시합에 임하라는 것이 아니다. 상대를 잘 보고 스피드, 디스턴스, 타이밍은 충분히 갖추고 상대에게 공격할 틈을 주어서는 안됨을 명심해 두어야 한다. 한번이라도 투슈를 당하면 다음 라운드에서 그 만큼 부담을 갖고 겨루게 됨으로 결국 자신을 곤경에 세우는 경우가 생길 수 있다.

③의식은 항상 높은 곳에 두고 현실의 상대에게 전 신경을 집중시켜

야 한다. 어느 정도의 성과로 빨리 만족감을 느끼는 것은 우승의 대열에 서는데 좋지 않다.

④라운드가 계속되면 계속됨에 따라 강한 투쟁심을 의식적으로 높여 가는 마음 가짐이 필요하다.

⑤자신의 기술이 심판으로부터 불리하게 취급되는 경향이 있으면, 즉시 전법을 바꾸는 유연성이 바람직하다. 공평한 심판이라 하더라도 절대적 존재가 아니기 때문에 다소의 주관적 차이가 있음을 생각에 넣어 두어야한다. 그 심판의 경향에 어울리지 않는 방법에 집착하거나, 상심하거나 하는 것은 무덤을 파는 일이며 불쾌감만을 남길 뿐이다.

⑥다른 선수의 시합 때에, 그 심판이 어떤 버릇을 갖고 있는 가를 잘 관찰해 둘 필요가 있다.

⑦심판기의 램프가 쌍방 모두 켜져 있는 케이스가 상당히 많다. 이런 때는 아름다운 자세로,동작을 행한 다음의 자세를 명심하여 지키고 있는 선수쪽이 자신의 행위를 심판에게 바르게 평가받을 수 있는 것이다. 자신의 행위를 '어텍크!'라든가 '리뽀스트!'라고 외치며 검을 들어 올리고 어필하는 사람이 많은데,이러한 것은 금지되어 있으며, 엄숙히 삼가하여야 할 것이다. 올림픽이나 세계 선수권의 결승전에서는 이런 행위를 볼 수 없다.

옆구리로 피닛슈하는
것은 효과적인 공격이다

이상에서 서술한 것은 전술의 기본이 되는 것이다. 이것들이 모든 시합에 딱 적용된다 고는 할 수 없고, 또 한번 적용하면 다음에는 적용하지 않는 것이 보통이다. 다만 처음에 서술한 '빨리 준비 자세를 취하고, 잘 움직인다' 등은 전술이라기 보다는 오히려 절대로 지켜지도록 명심해야 하는 것이라고 말해도 좋다.

전술을 실행하기 위해서는 그 밑받침이 되는 스피드, 타이밍, 거리감, 기술이 불가결이다.

이것들을 충분히 준비하면 전술보다도 고도의 것을 할 수 있다.

스피드, 타이밍, 거리감, 기술이 향상함에 따라, 자신에게 맞는 독자적인 것을 개발할 수 있고, 또 반드시 그렇게 되도록 해야 한다. 이렇게 해서 지력, 체력을 초월하여 계속 싸울 수 있는 것이 자신을 최고의 레벨로 끌어 올리는 원동력이 되는 것이다. 다만 술책에 빠져들지 말 것. 전술이란 단순한 기로 피닛슈하는 것이 최고임을 최후로 강조해 두고 싶다.

Contre Gaucher
왼손잡이에 대하여 (상세히 기술)

다른 많은 경기와 마찬가지로, 펜싱에 있어서도 오른손잡이가 압도적으로 많다. 따라서 왼손잡이의 선수와의 연습이나, 시합의 빈도가 상당히 적기 때문에, 기술의 연습이나 전술의 대책이 충분하지 않다. 때문에 일반적으로 왼손잡이는 상대하기 어렵다고 간주되는 것이다. 그러나 근년, 왼손잡이 선수가 증가하고 있기 때문에, 이 분야의 기술이나 전술을 단단히 몸에 익혀두는 것이 어려운 상대를 적게 하고 승률을 좋게 하는 결과로 연관된다. 오른손잡이 대 오른손잡이와, 오른손잡이 대 왼손잡이의 대전에서의 기본적인 차이는 당연한 일이지만, 왼손잡이는 검을 왼손에 드는 것이다. 즉 쌍방의 검이 동일 선상에 위치(①) 하게 되고 그 때문에 우선 제일 먼저, 공격할 때에 상대의 검이 방해가 되는 것, 그 다음으로는, 왼손잡이에게 카르트('빠라드'의 항 참조)로 잡히는 경우(②), 오른손잡이와 대결하는 것보다도 각도의

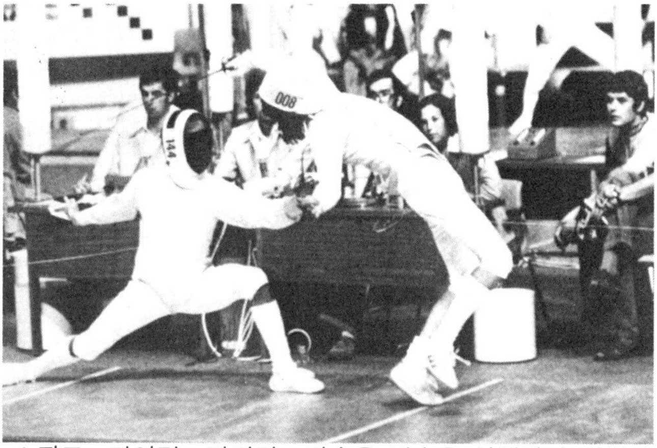

스피드, 타이밍, 거리감, 기술은 전술을 실행하기 위하여 불가결한 것이다.

관계로 인해 식스트의 빠라드를 행하기 어렵다. 이와 같이 왼손잡이 선수는 팔(검)의 위치, 각도에서 오른손 잡이와 다른 특징이 있는데, 그것을 잘 이해한 다음 전법을 확립하면 그렇게 어려운 상대라고는 여겨지지 않을 것이다. 이하로 왼손잡이에게 사용되어지는 주된 전법을 열거해 본다.

① 쌍방의 검이 동일 선상에 위치한다.
② 카르트로 잡힌 경우.

● 공격 목표

①어깨로.

카르트로의 펭트에서 데가쥬망으로

두슈 · 두수로.

쿠뻬 · 쿠뻬로

밧트망으로

피닛슈 때는 검을 흔들어 꽂듯이하여 투슈한다(쿠 · 드 · 쥬타쥬 Coup De Jetage)

②허리로

두슈 · 두수로.

카르트로의 펭트에서 데가쥬망으로

상대의 식스트를 밧트망하여 두수로

상대의 카르트를 밧트망하여 데가쥬망으로

식스트로 펭트하고, 상대의 빠라드 · 콘트르에 대하여 두브르망으로 (위의 리뉴로 피닛슈해도 좋다)

피닛슈로는 손을 슈뻬네숑하여 각도를 잡는다.

이상 2개가 왼손잡이에 대한 2대 목표이다. 다만, 왼손잡이 선수도 이것은 충분히 터득하고 방어를 단단히 하고 있는 것이다. 다음의 공격도 효과를 거둘 수 있다.

③안쪽의 하부 (두수 · 드 · 두당 Dessous De Dedans)

카르트로 펭트, 손바닥을 쁘로나숑하여 하부로

식스트의 밧트망에서 쿠뻬로

카르트의 밧트망에서 그대로 아래로 가장 위험시되고 있는 통상의 카르트로의 공격이 최대의 맹점이 되고 있다.

④빠른 쿠 · 드로와

식스트로 펭트, 데가쥬망으로

카르트의 밧트망에서

식스트의 밧트망에서 데가쥬망으로

쿠뻬로

● 리뽀스트

리뽀스트 때에 있어서는 검이 동일 선상에 있는 것을 충분히 고려에

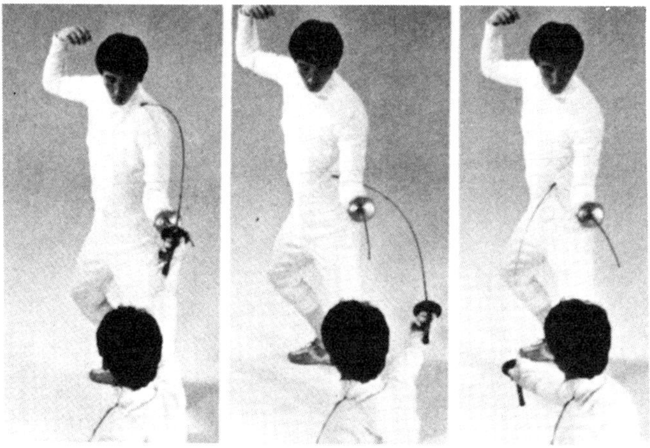

어깨로　　　　허리로　　　　안쪽의 하부

넣고 있지 않으면 안된다. 이 때문에 빠라드에서 리뽀스트까지 항상 검이 접촉하고 있다고 생각하고,만일 상대의 검에서 떨어지는 것이 가능하면 리뽀스트의 성공률은 높아진다.

⑤빠라드・카르트에서
드로와로
오뽀지숑으로
어깨(또는 등)로 쥬타쥬로
데가쥬망으로 두수로
쿠뻬로 두당으로
⑥빠라드・식스트에서
데가쥬망으로
앙・카방으로
쿠뻬로 등으로
쿠로와제로
⑦빠라드・쁘림에서
카르트로
쿠뻬로 카르트로
⑧빠라드・셉팀에서

식스트의 펭트

데가쥬망으로

1 2 3

4

빠라드 · 쁘림에서 쿠뻬로 카르트로

카르트로
피닛슈

빠라드 · 카르트에서 오뽀지숑으로

빠른 쿠 · 드로와

1

2

빠라드 · 스콩드에서 쥬타쥬로 안쪽으로

각도를 잡아 두수로

데가쥬망으로 상부로

쿠베로 상부로

⑨그 외

빠라드 · 스콩드에서 쥬타쥬로 안쪽으로

빠라드 · 옥타브에서 쿠뻬로 안쪽으로

위에서 기술한 리뽀스트는 가능한 한 동일 선상이 되지 않도록 행하고 있다.

● 전술

왼손잡이의 가장 큰 특징은, 디펜스에 있어서 가슴을 사용하여 본

능적으로 강한 카르트의 빠라드를 행하려고 하는 것이다. 왼손잡이가 카르트로 빠라드한 경우, 그 리뽀스트의 성공률은 높다. 따라서 어깨나 허리로 피닛슈한 쪽이 좋은데, 그 전에 펭트 등으로 상대의 빠라드·카르트를 유인해내어 두는 것이 보다 효과적이다.

근년 카르트의 쿠·드·탕을 사용하는 왼손잡이의 선수가 많아지고 있고, 효과를 올리고 있기 때문에 주의할 필요가 있다. 동시에 왼손잡이에 대하여 오른손잡이가 이것을 이용하는 것은 같은 효과를 얻을 수 있음을 명기해 둔다. 상대가 왼손잡이라고 해서 두려워해서는 안된다. 진짜 무서운 것은 잘쓰는 팔에 관계없이 스피드, 거리감, 타이밍이 뛰어난 선수인 것이다. 왼손잡이에 대해서는 앞에서 기술한 몇 개를 마스터하면, 다음은 오른손잡이에 대한 전술과(후트웍) 큰 차이가 없게 되는 것이다.

1 2 3

4

빠라드·셉팀에서 쿠뻬로 상부로

Sabre 2
사브르

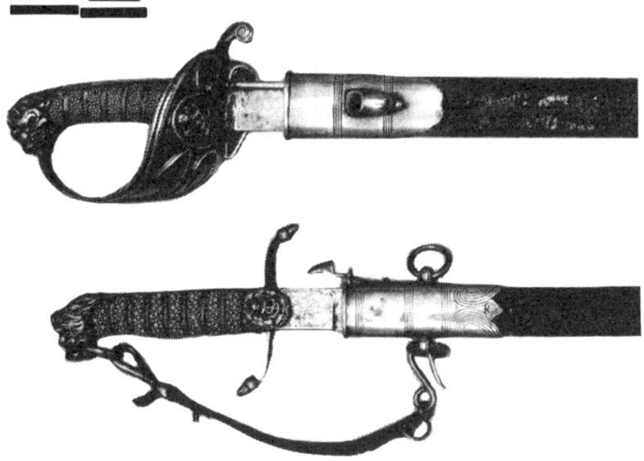

Première Action
처음의 동작

● 잡는 방법

가아드의 안쪽, 약 2센치 떨어진 필트 부분을 인지 손가락과 엄지 손가락으로 잡는다. 그리고 필트의 뒷끝을 새끼 손가락의 손가락 뿌리에 두고, 남은 3개의 손가락으로 가볍게 쥔다. 인지 손가락과 중지의 사이는 1센치 정도 비운다. 중요한 것은 인지 손가락과 엄지가 필트의 같은 부분을 위 아래에서 끼워 놓는 것이다. 이것이 공, 방에서 가장 밸런스를 잘 유지하여 잡는 방법이다. 즉 펭트의 스무스함, 날카로움, 쿠·드·트랑샹(Coup De Tranchant 캇트)의 샤프함, 빠라드로의 이행의 정확함 등을 기할 수 있는 것이다(사진 A참조, 사진 B는 손바닥을 안으로 돌리고, 잡는 방법을 다른 각도에서 취한 것)

방어를 보다 단단히 하려고 하는 경우는 같은 잡는 법의 그대로에서 엄지와 인지 손가락의 위치를 가아드에 붙이듯이 하여 잡는다. 또 리치를 얻으려는 경우는 손가락의 위치를 필트의 뒷 끝까지 비켜 잡는 것이다. 이외에도 인지 손가락을 펴거나, 엄지를 세우거나 하는 잡는 방법이 있는데, 여기에서는 위에서 기술한 기본적 잡는 방법에 그쳐 둔다.

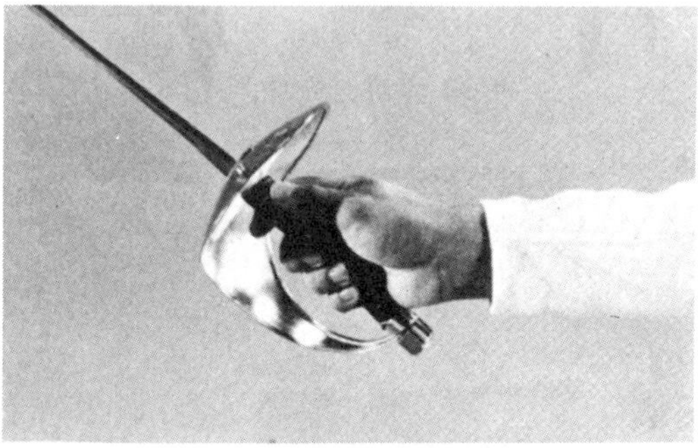

인지의 손가락과 엄지로 집듯이 쥔다 Ⓐ

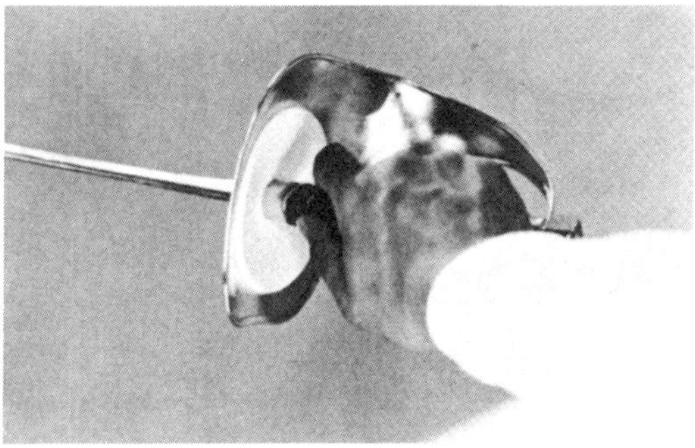

손바닥을 안으로 돌린 것 Ⓑ

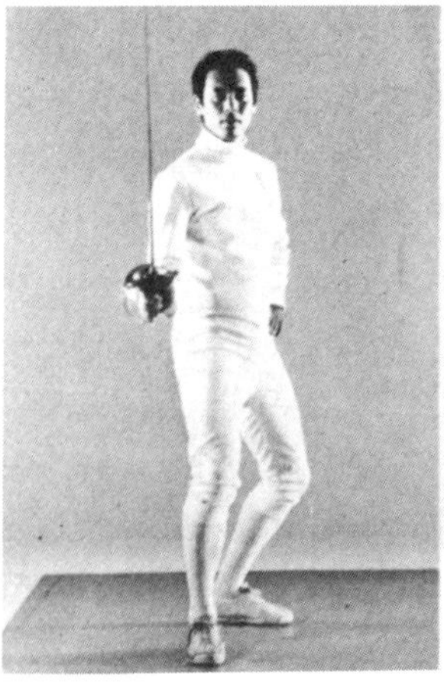

1 Ⓐ

기본적인 준비 자세 방법 1 Ⓑ

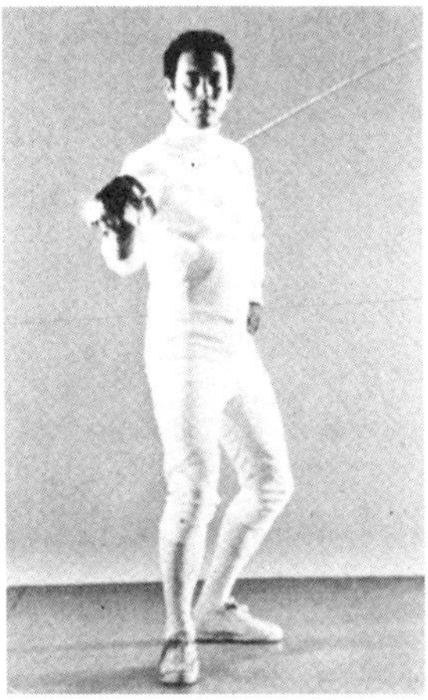
2Ⓐ

공격적인 준비 자세 방법 2Ⓑ

검의 방향은 엄지와 인지 손가락 2개로 행한다. 쿠·드·트랑샹 때에는 3개의 손가락을 순간적으로 강하게 쥐고, 곧 탈력(이완)하는 것이다.

● 준비 자세

사진 ①A, B는 가장 기본적인 준비 자세 방법으로 공, 방에서 밸런스를 유지시킨다. 이 형에서 모든 기술을 마스터하면 좋다. 사진 ②A, B는 공격적인 준비 자세로 상대의 어텍크에 대하여 콘트르·어텍크도 취하기 쉽다. 상급자가 되면, 이 준비 자세로 렛슨이나 아소도 하면 좋다.

발의 위치나 무릎의 구부리는 방법은 플뢰레와 마찬가지이다. 왼손은 사진과 같이 가볍게 허리에 붙이는데, 아소 때에는 릴랙스하기 때문에 프리로 두는 경우가 많다. 주의해야 할 것은 상처의 방지를 위해 왼손을 앞쪽으로 내놓지 않는 것이다.

● 쿠·드·트랑샹 Coup De Tranchant

칼날에 의한 공격으로, 사브르만의 투슈 방법이다. 이것에 대하여 검의 끝에서 3분이 1의 안쪽 칼날을 콘트르·트랑샹(Contre Tranchant)이라고 한다.

릴랙스한 상태에서검을 가지고(①), 목표를 향해서팔을 편다(②~③), 팔을 펴는 것과 동시에 손가락을 오므린다(④~⑤). 손가

2

1

4

3

6

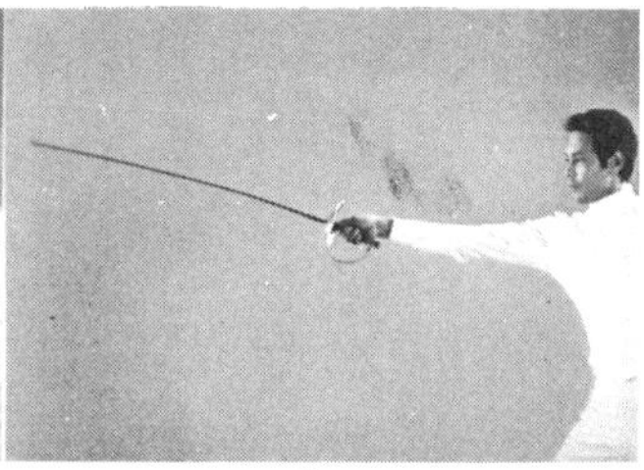
5

쿠 · 드 · 트랑샹

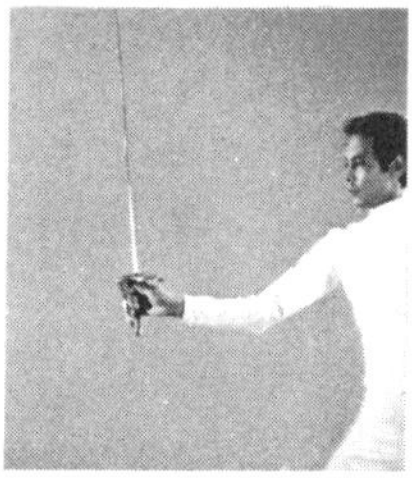
7

슬로비디오 사진에 의한 쿠 · 드 · 트랑샹의
손의 움직임

팔을 펴는 기세를 이용하는 것을 확실히 알 수 있다.
(슬로비디오 사진에 의함)

락 오므리는 것을 자세히 설명하면, 새끼 손가락, 약지, 중지의 3개로 순간적으로 필트를 강하게 쥐고, 동시에 인지 손가락을 조금 잡아당겨 엄지의 누름이 더해지게 하는 것이다. 다음 순간에는 쥐기를 느슨하게 하여 본래의 위치로 되돌아가게 한다 (⑥, ⑦).

⑦로 가아드가 밖깥쪽으로 향해 있는데, 이것은 상대의 검이 밖깥쪽에 있다고 가정하고 쿠베르하고 있는 것이다.

사진으로는 텍트(Tête＝두부)로의 쿠·드·트랑샹인데, 프랑(Flanc

4 3 2 1

7 6 5

10 9 8

팡트와 르쁘리즈 · 드 · 가르드

＝옆구리)，방트르(Ventre＝복부)로도 같은 요령으로 행한다.

이상과 같이 사브르는 팔을 흔들어 자르는 것이 아니고 팔을 펴는 기세를 이용하고, 펀 원점에서 순간적으로 손가락을 오므려 투슈하는 것을 충분히 터득하는 것이 중요하다 (일련의 사진 참조).

● 팡트와 르쁘리즈 · 드 · 가르드

준비의 자세에서 (①), 팔을 펴면서 앞발을 내디디고 (②, ③), 앞발의 착지 바로 전에 쿠 · 드 · 트랑샹에 들어간다 (④). 팡트 (⑤) 후

쿠 · 드로와 · 앙 · 말샹

이내, 탈력하고 ⑹, 상대의 검이 있는 쪽을 쿠베르(이 경우는 티에르스) ⑦하면서 앙 · 가르드로 되돌아 간다 (⑧～⑩). 단지, 주의하지 않으면 안되는 것은 어텍크 · 상쁘르의 경우는 앞발이 착지하기 전에 투슈하는 것이다. 어텍크 · 콩뽀제로는, 앞발의 착지와 동시나 직후에 투슈해야 한다. 그러나 연습시에는 어느 경우라도 앞발의 착지 직전에 투슈하도록 명심해야 한다.

편 팔과 검으로 만들어진 각도는 135도 전·후를 유지하는 것이 어텍크라고 규정되어 있다(사진 ③, ④ 참조). 사진 A는 준비 자세에서 팡트, 탈력까지를 스트로보 촬영한 것이다.

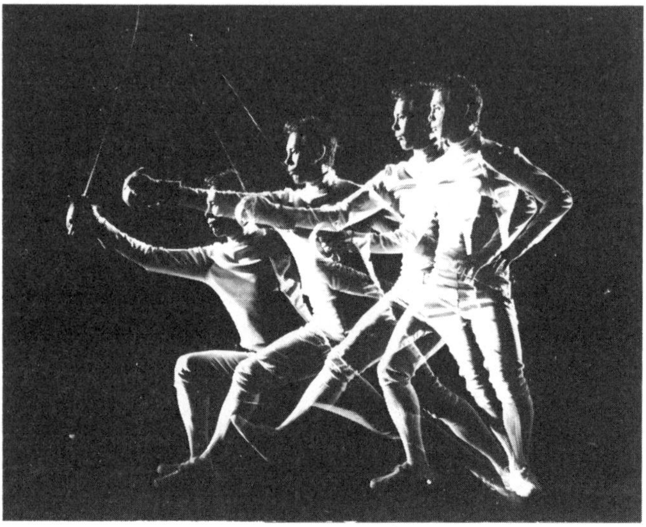

준비 자세에서 팡트, 탈력까지(A)

● 쿠 · 드로와 · 앙 · 말샹

준비의 자세에서 (①), 팔을 펴면서 전진하고 (②~④), 뒷발을 착지(④) 한 순간에 앞발을 내디디고 (⑤), 팡트로 들어간다 (⑥~⑩).

다만 사브르의 룰에 의하면 1. 마르슈가 끝나기 전에 팔을 펴고, 2. 팡트가 종료되기 전에 투슈해야 한다. 자신 나름의 동작으로 공격하는 것만으로는 불충분하다. 룰에 입각하여 객관적인 제 3 자의 눈에 바른 동작으로 행할 필요가 있는 것이다. 연습 때에는 사진 ⑦의 단계로 투슈하도록 유의해야 한다.

사브르의 아소에서는 다음에 서술하는 프렛슈와 이와 같은 전진을 동반한 스텝으로 투슈를 취하여 가는 케이스가 거의 반을 차지한다.

Frèche
프렛슈

준비의 자세에서 (①), 팔을 펴면서 앞발에 중심을 두고 (②, ③), 뒷발을 앞으로 보내면서 (③, ④), 투슈한다 (⑤, ⑥). 투슈 후는 쿠베

3　　　2　　　1

5　　　4

7　　　6

르하면서 착지하고 (⑦~⑩), 상대의 옆구리를 찌른다.

룰에서는 1. 프렛슈 중에 팔이 펴지고, 2. 뒷발이 바닥에 닿기 전이나 동시에 투슈해야 한다. 라고 되어 있다. 그러나 연습때에는, 항상 뒷발이 착지하기 전에 투슈하도록 주의한다. 사진 ⑤, ⑥의 단계에서 투슈하는 것이다.

프렛슈 : 팡트로 투슈 가능한 거리에서 행하지 않으면 안된다.

플뢰레와 마찬가지로 너무 먼 거리에서의 프렛슈는 성공률이 낮다. 팡트로 투슈 가능한 거리에서 프렛슈를 행하여야 할 것이다.

Déplacements
후트웍

사브르의 후트웍 동작의 종류는 플뢰레의 그것과 동일하나, 쿠·드·트랑샹하는 케이스가 많기 때문에 보다 상대에게 접근하지 않으면 안된다. 그 결과 상대에게 콘트르·어텍크의 찬스를 주는 케이스가 많아진다. 그것을 방지하고, 상대에게 거리감을 잡히지 않기 위해서도 플뢰레보다 격렬하게 움직일 필요가 있다. 피닛슈는 후렛슈를 많이 사용하는 것이 효과적이다.

곁들여서 사브르의 삐스트는 플뢰레가 12미터인 시대에 24미터로배였다. 현행으로는 플뢰레 14미터, 사브르는 시행착오의 결과 18미터로 정착되었다. 플뢰레는 동작이 격렬하지 않기 때문에 12미터는 너무 짧아, 14미터로 바뀌어져 있다. 그러나 사브르에서는 경기장의 스페이스 문제, 시합 운영상의 스무스함을 위해 18미터로 개정되었다. 이것이 사브르·펜싱의 삐스트로써 필요 최소 한도의 스페이스 라고 할 수 있는데, 플뢰레는 넓어진 14미터, 사브르는 축소된 18미터 양자의 사이에는 4미터의 간격이 있음에 착안하여 어째서 사브르·펜싱이 후트웍을 중요시하는지 알 수 있을 것이다.

연습때에는 플뢰레에 준한 후트웍으로도 좋은데, 후렛슈의 비율을 증가해야 한다. 또 후트웍 때부터 팡트, 후렛슈 때는 발의 착지 직전에 발가락의 오므림, 즉 쿠·드·트랑샹을 행하고, 그 직후에 탈력으로써 방어로 준비하는 것을 철저히 해야 한다.

Attaques Simples
어텍크·상쁘르

● 어텍크·아·라·텍트 **Attaques A La Tête**

두부로의 공격이다.

티에르스의 앙카방으로 준비 (①), 상대가 압상스·드·페르할 때 팔을 펴고 (②), 텍트로 팡트한다 (③).

● 어텍크·오·프랑 **Attaque Au Flane**

옆구리의 공격이다.

티에르스의 앙카방으로 준비 (①), 상대 (좌측) 가 킨트를 쿠베르할 때

사우스포의 준비 자세
(맞은편)

1 2

3

어텍크·아·라·텍트

팔을 펴고 텍트로의 어텍크·상쁘르

1

2

어텍크·오·프랑

3

검을 프랑으로 향해 팔을 펴고 (②), 팡트한다 (③).

● 어텍크·아·라·방드롤

Attaque A La Banderole

가슴으로의 공격이다.

티에르스의 앙가쥬망으로 준비(①), 상대(좌측)가 쁘레숑하는 것에 대하여(②), 쿠뻬(③), 방드롤(방법은 후에 기술)로 투슈한다(④ ~⑥).

방드롤이란 '불어 내리기'의 의미이다. 막대기 끝에 얇은 천을 붙여 날카롭게 쳐 흔들면, 홋! 하는 소리가 난다. 그런 느낌의 투슈이다. 우선 팔을 단숨에 펴고 검의 끝이 상대의 가슴에 스치고(① A), 검끝으로 가슴을 비스듬히 잘라 내린다(② A ~④ A).

1

2

3

4

5

6

1 A

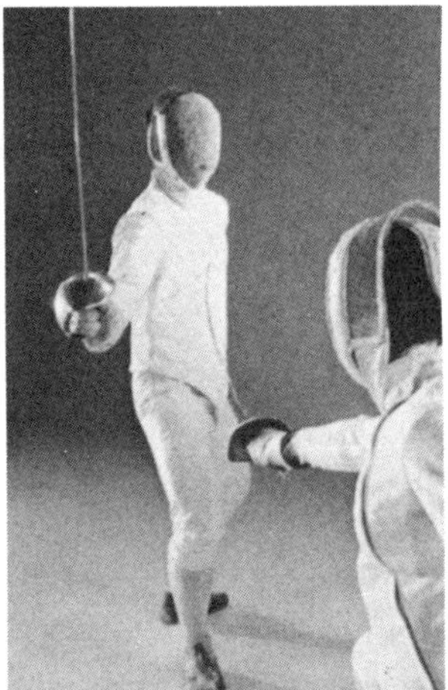
2 A

3 A

어텍크 · 아 · 라 · 방드롤

4 A

5 A

그리고 금방 쿠베르 한다(⑤A). 이렇게 설명하면 시간이 걸릴듯이 생각되지만 실제로는 순간에 행하는 것이다. 중요한 것은 자를 때, 팔꿈치를 구부리지 않는 것. 자르기가 끝난 다음 가아드를 내리지 않을 것의 2가지 점이다.

● 어텍크 · 오 · 방트르 Attaque Au Ventre

하부로 공격한다.

티에르스의 앙가쥬망으로 준비(①), 상대(좌측)의 쁘레숑에 대하여(②), 쿠뻬(③), 카르트 쪽으로 팡트한다(④, ⑤). 하부로의 공격이지만 검의 위치를 다소 상, 하로 할 뿐의 차이이고,당연히 가슴 부근으로의 공격으로서도 사용된다.

● 어텍크 · 빠르 · 쿠 · 드 · 뽀앙

Attaque Pare Coup De Pointe

티에르스의 앙가쥬망으로 준비(①), 상대(좌측)의 쁘레숑을(②) 데가쥬망하면서 팔을 펴고(③), 팡트한다(④).

이상 서술한 어텍크 · 상쁘르는, 전진을 동반한 경우에도, 동반하지 않는 경우에도, 투슈는 팡트의 앞발이 착지하기 전에 행하지 않으면 안된다. 여기에서 사용한 사진은 촬영상의 사정으로 앞발이 착지한 다

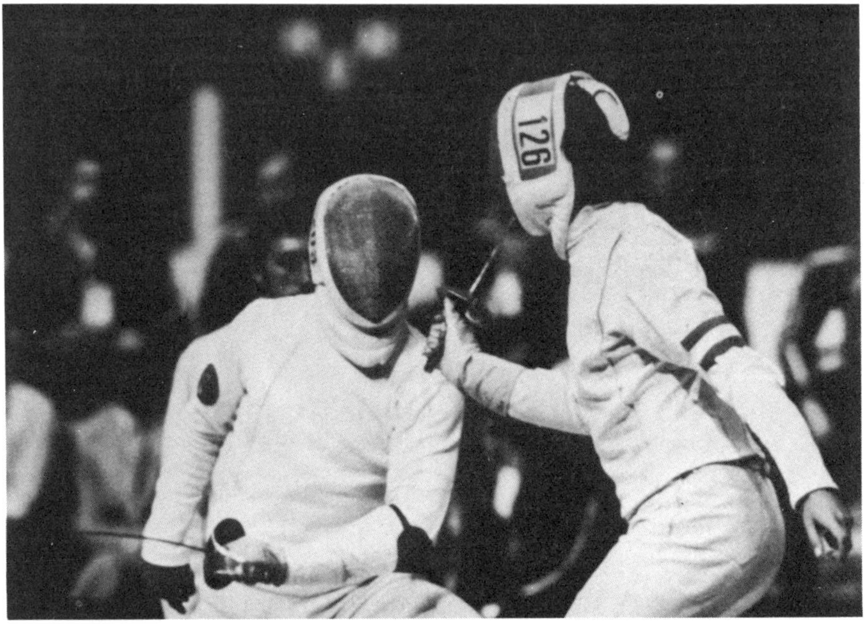

방드롤로 투슈한다.

1

2

3

4

어텍크 · 오 · 방트르

5

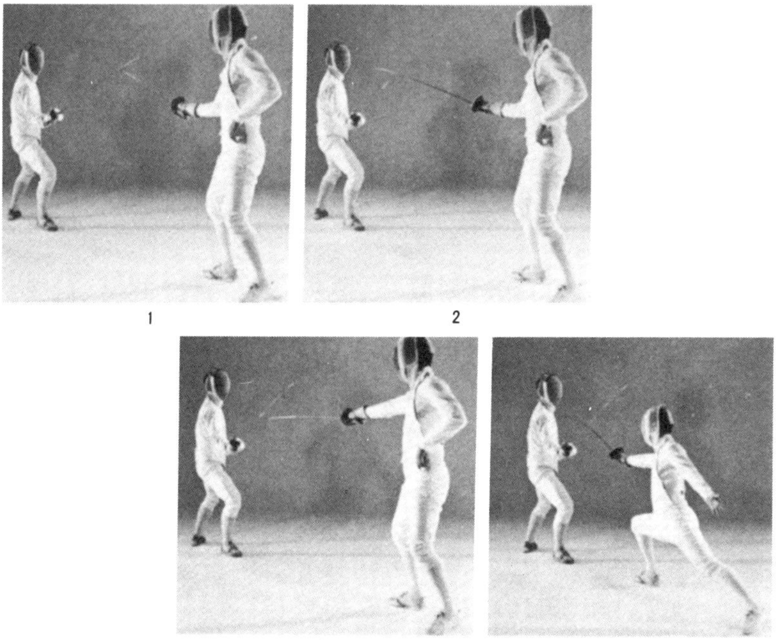

1 2

3 4

어텍크 · 빠르 · 쿠 · 드 · 뽀앙

음 투슈하고 있는데, 실제의 투슈는 각각의 사진의 피닛슈의 조금전인 것이다.

사진으로는 이해를 돕기 위하여 분해하여 촬영하고 있다. 연습 때도 처음은 그것에 따를 필요가 있다. 익숙해지면 일련의 동작으로서, 순간적으로 투슈하도록 명심해야 할 것이다.

Parades Simples
빠라드 · 상쁘르

동일 리뉴로, 단일 동작으로 행하는 방어이다.

사브르의 경우는 기본 3가지 방법, 그 위에 기본 5가지 방법으로 나눌 수 있다. 기본 3가지 방법은, 티에르스(Tierce), 카르트(Quarte) 킨트(Quinte), 여기에 스콩드(Seconde), 쁘림(Prime)이 더하여 5가지 방법이 된다. 사브르의 빠라드의 연습에는 이해를 깊이하는 의미로 검의 이행과 최종 뽀지숑을 정확히 터득할 필요가 있다. 그 때문에 사진에서는 상대와 관계없이 그 2점을 강조한다.

● 빠라드 · 티에르스

배, 팔(밖쪽) 등면으로의 공격에 대한 방어. 준비의 자세에서(①), 공격하여 오는 칼에 대하여 칼날을 향한다(②B). B는 같은 뽀지숑을 옆에서 본 것이다.

빠라드 · 티에르스

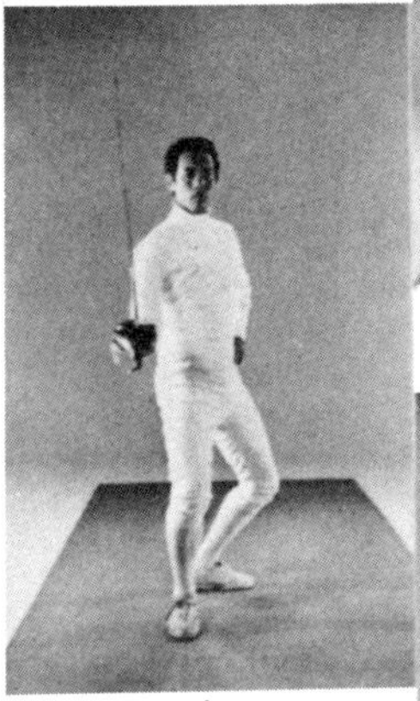

1

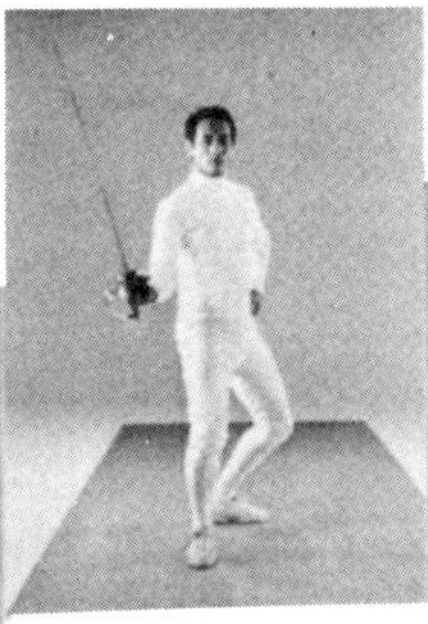

2B

B

빠라드 · 카르트

2C

C

2 D

3 D

4 D

D

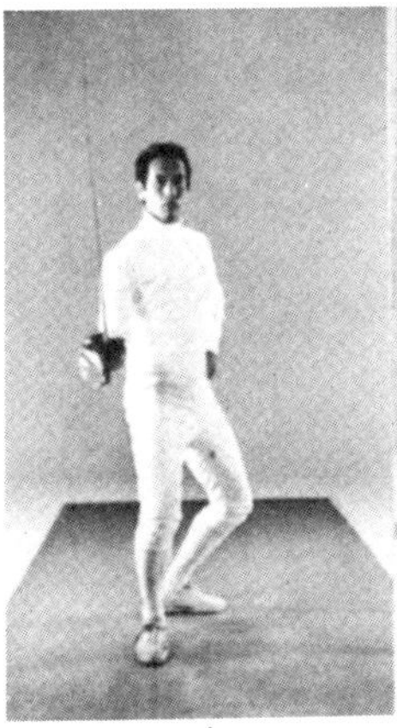
1

빠라드 · 킨트

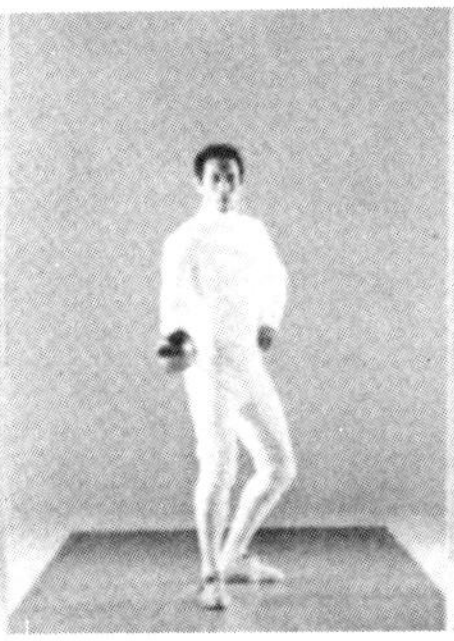
2 E

3 E

4 E

E

● 빠라드 · 카르트

준비의 자세에서(①), 가아드를 카르트의 뽀지숑으로 이행시키면서 칼날을 향한다(② C). C는 같은 뽀지숑을 옆에서 본 것이다.

● 빠라드 · 킨트

머리 부분으로의 공격에 대한 방어이다. 검의 이행에는 2가지 방법이 있다. 준비의 자세에서 (①) , 공격의 검에 칼날을 향하면서 검을 ②D ~④D 의 위치까지 이행시킨다. 가아드도,검도 준비의 위치에서 최단거리를 통하여 최종 뽀지숑에 들어간다. 이것이 빠라드 · 킨트의 기본이고,연습에서는 우선 이것을 습득해야 하는 것이다. E는 D에 비해 조금 시간이 걸리는데 두부의 방어에 한하는 것이 아니고,보다 넓은 범위의 공격을 방어할 수 있다. 준비의 자세에서(①) , 공격에 대하여 검끝을 내리고(②E) , 퍼 올리듯이 킨트의 위치까지 이행시킨다(③E, ④E). 사진 E는 상대의 피닛슈 때에 D보다도 거리가 떨어져 있는 경우에 사용한다. 가아드의 위치는 D보다도 낮고 검끝도 다소 앞쪽으로 나와 있다.

이상이 기본 3가지 방법의 빠라드이다. 상급자는 여기에 다음의 2가지 방법의 빠라드를 합쳐 습득하는 것이 좋다.

● 빠라드 · 스콩드

배쪽으로의 공격에 대한 방어이다. 특히 아래에서 퍼 올리듯이 오는 공격에 대하여 효과적인 방어법이다. 준비의 자세에서(①) , 공격의 검에 대해 칼날을 향하면서 사진 F의 위치까지 검을 이행시킨다. 가아드의 위치는 변화없고 가아드를 중심에 검끝으로 궁보를 그려 F까지 이행하는 것이다.

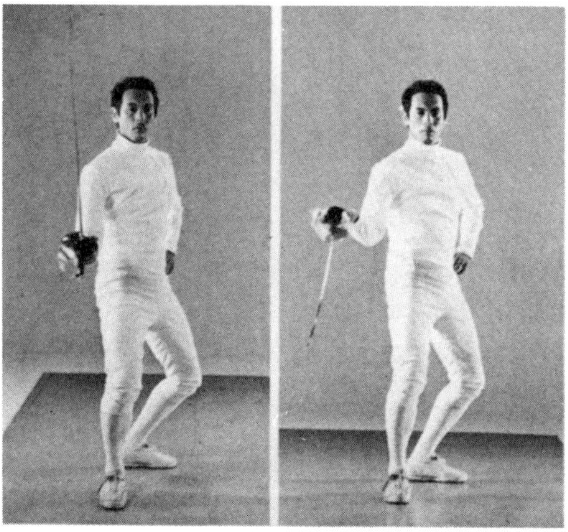

1　　F

빠라드 · 스콩드

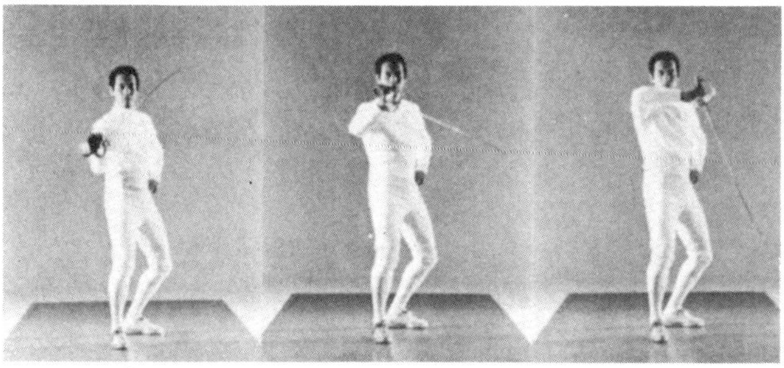

2G 3G 4G

G, H

1

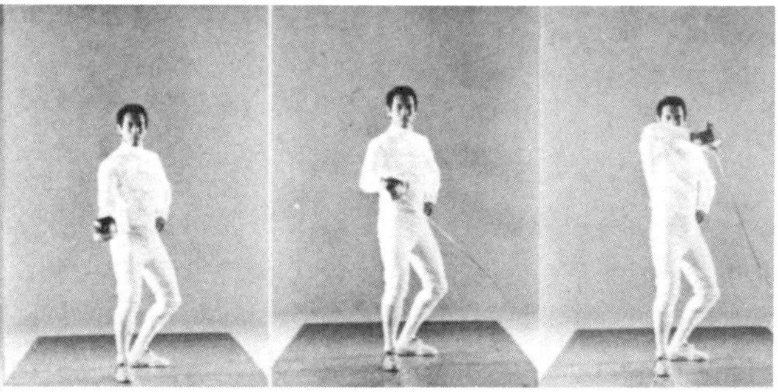

2H 3H 4H

빠라드 · 쁘림

● 빠라드 · 쁘림

흉부, 배쪽으로의 공격에 대한 방어이다. 준비의 자세에서(①), 공격의 검에 칼날을 향하면서 사진 ②G ~④G 의 위치로 이행시킨다. 검끝의 움직임에 끌리듯이 가아드를 이행시키는 것이다. 이것에 대하여 H는 우선 검끝을 떨어 뜨리고 (②H), 떠올리듯이 검을 이행시킨다(③H, ④H). 검의 움직임은 G가 빠라드 · 킨트의 D로 H가 마찬가지로 E와 함께 통과한다.

사브르의 빠라드에서 중요한 점은 상대의 공격의 피닛슈에 대하여 칼날을 향하는 것. 이렇게 하는 것에 의해 엄지의 안쪽으로 공격의 힘을 지탱할 수 있게 되고,이것이 후에 서술할, 리뽀스트의 중요한 포인트가 되는 것이다. 여기에 실은 빠라드의 사진은 상대의 공격을 피닛슈로

찍은 경우의 것. 근년 상대의 공격을 도중에 빠라드하는 경향이 있다. 그 경우는 검끝이 조금 앞으로 뻗고, 그것에 따라서 가아드의 위치도 앞쪽으로 이행하는 것이다. 빠라드·킨트의 사진 E가 그것에 가깝다.

Excercices De Ripostes
리뽀스트의 연습법

앞의 항에서까지 서술한 리뽀스트의 연습과 마찬가지로, 여기서 서술할 연습법은 각 뽀지숑으로 이행하는 검의 축의 정확함, 상대의 검의 위치에 대응하는 확실한 쿠베르, 다음 팔을 충분히 펴 투슈하는 연습법이다.

압상스·드·페르로 서로 마주하고(①), 상대(좌측)가 전진하면서 티에르스 쪽으로 어텍크. 그것을 후퇴하면서 빠라드·티에르스 (②) 그 때 리뽀스트·텍트. 이때 상대는 다음의 공격할 곳으로 칼을 향한다(③) 계속 끌며 전진하면서 텍트로 어텍크. 그것을 후퇴하면서 빠라드·킨트(④). 그때 리뽀스트·텍트(⑤). 상대는 다음의 공격 장소인 카르트로 검을 향한다. 이하 같은 요령으로 어텍크·카르트, 빠라드·카르트(⑥), 이내 리뽀스트·텍트, 상대는 티에르스로 검을 향한다. 다음은 ②로 되돌아와서 같은 요령으로 연속적으로 행한다.

빠라드에서 중요한 것은 정확한 리뽀스트와 검의 각도의 확보인데, 더욱 중요한 것은 상대와의 거리이다. 위에서 기술한 연습법의 경우에서는 상대의 공격에 대하여 항상 정확한 거리 (확실하게 빠라드되고, 팔을 펴기만 해도 투슈를 할 수 있는 거리)를 유지하는 것. 어느 뽀지

1

2

3

4

5

6

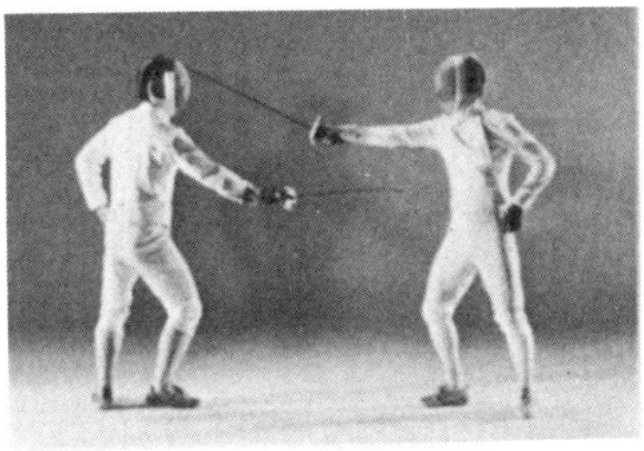
7

리뽀스트의 연습법

송의 빠라드라도 후퇴하면서 리뽀스트를 내는 것은 좋지 않다. 재빨리 리뽀스트하고, 직후에 후퇴하는 것이다. 이 연습법은 ①티에르스, ②킨트, ③카르트의 순으로 행하는데, 익숙해지면 순서를 바꾸기도 하고, 또는 공격의 리뉴를 적당히 변화시켜 행하기도 한다. 또 여기에서는 공격자가 전진하고 있는데, 거꾸로 후퇴하면서도 행한다. 즉, 이 연속 연습으로 체육관의 끝에서 끝을 행하는 경우, 공, 방을 바꾸지 않고 공격자가 후퇴하면서 본래의 위치로 돌아오는 것이다. 더 익숙해지면, 공격자는 콘트르・리뽀스트를 섞으며, 상대는 그것에 상관없이 리뽀스트를 순서 그대로 계속한다.

Ripostes Simples
리뽀스트 · 상쁘르

빠라드 후, 단일 동작으로 행하는 공격이다.

● 빠라드 · 티에르스에서

빠라드 · 티에르스로 받아(①, ①A)

1. 프랑으로(②)
2. 텍트로(③)
3. 카르트의 리뉴로(②A)
4. 쿠뻬로 방드롤(③A)
5. 쿠 · 드 · 뽀앙(④, 사브르에서는 손바닥을 쁘로나숑하여 행한다)

연습의 일환으로서 빠라드 · 리뽀스트를 연속적으로 행하는 것이 가능하다.

1

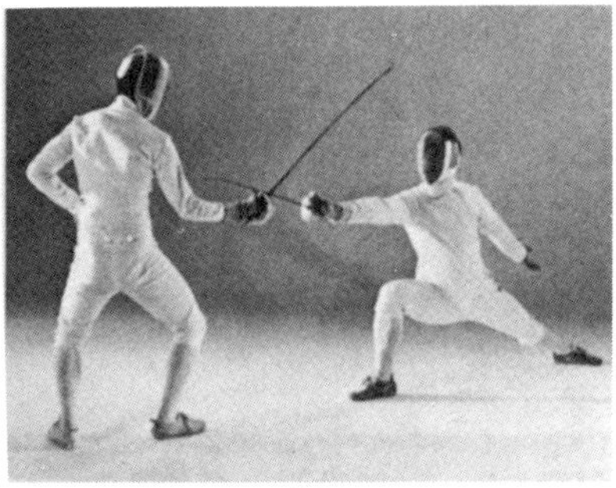

1A

2

2A

3

3 A

빠라드 · 티에르스에서

4

● 빠라드 · 카르트에서

상대의 공격을 빠라드 · 카르트로 받고(①, ①A)

1. 카르트의 리뉴로(②, ②A)
2. 텍트로(③)
3. 상대의 가아드의 위에서 팔이나 어깨로(④)
4. 쿠뻬로 프랑으로(⑤)

카르트의 리뉴로의 리뽀스트는 쿠 · 드 · 트랑샹과 방드롤의 양쪽을 연습한다. 리뽀스트의 연속은, 빠라드 · 티에르스의 표를 참고하고, 위에 기술한 순서대로 행한다.

● 빠라드 · 킨트에서

상대의 공격을 빠라드 · 킨트로 받고(①)

1. 프랑으로(②, 쿠베르하기 전에 르미즈③)
2. 쿠뻬로 텍트로(②A, ③A)
3. 쿠뻬로 방드롤(①B, ②B, ③B)

1B

2B

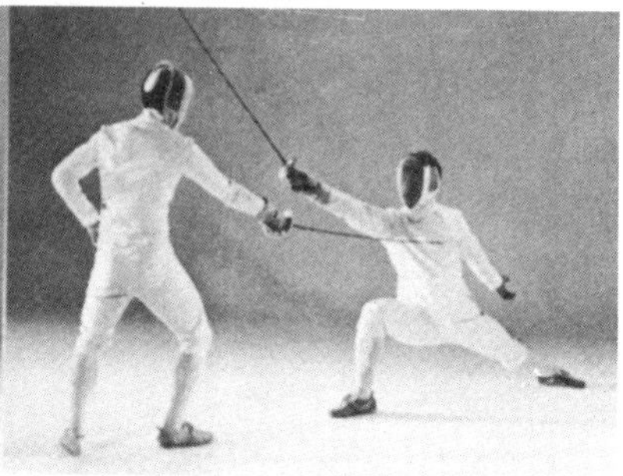

3B

빠라드 · 킨트에서

1 2

빠라드 · 쁘림에서

주의한다. 투슈 후에 손가락, 팔, 어깨의 힘을 빼고 방어에 대비한다 (통상 상대의 검이 있는 쪽을 쿠베르 한다). 예로 든것 이외에도, 어느 뽀지숑에서 다른 어느 부위로도 리뽀스트를 내는 것이 가능하다. 리뽀스트의 연속 연습은,빠라드 · 뽀지숑과 검의 조작, 그리고 리뽀스트의

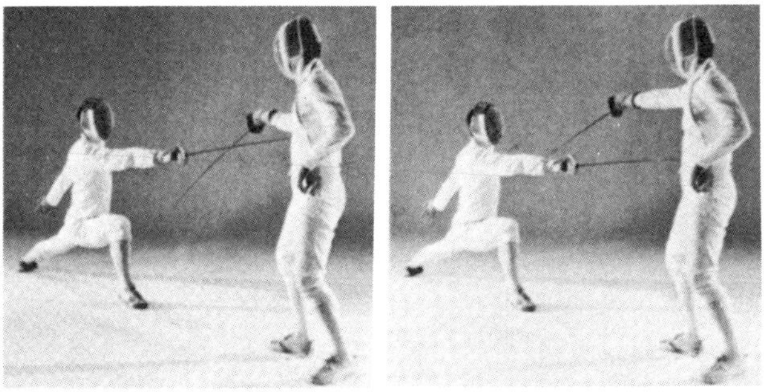

1 2

빠라드 · 스콩드에서

종류를 기억하기 위한 것으로,순서에 얽매이지 않는 실전적인 리뽀스트의 연습(순간적으로 상대의 어디를 겨냥하면 좋은 가를 판단하고, 거기에 리뽀스트를 낸다)은 달리 행하는 것이다.

Contre-Ripostes
콘트르 · 리뽀스트

상대의 리뽀스트를 빠라드하고, 더욱 리뽀스트하는 것이다.

● 카르트의 콘트르 · 리뽀스트

카르트의 공격 후(①) 상대 카르트의 리뽀스트를 팡트 그대로 빠라드 · 카르트로 받고(②, A. B), 카르트로 리뽀스트 한다(③).

● 킨트의 콘트르 · 리뽀스트

킨르로의 공격 후(①), 상대 킨트로의 리뽀스트를 빠라드 · 킨트로 받고(② ~ ④), 방드롤로 리뽀스트 한다(⑤).

● 티에르스의 콘트르 · 리뽀스트

티에르스의 공격 후(①), 상대의 리뽀스트를 티에르스로 받고(②), 프랑으로 리뽀스트 한다(③).

콘트르 · 리뽀스트의 경우, 상대와의 거리가 통상보다 가깝게 되기 때문에,빠라드하는 때에 가아드가 각 포지션 모두 가아드의 반경 정도 밖깥쪽으로 나간다. 또 검도, 카르트와 티에르스는 검끝을 조금 밖으로

1

1 A

2

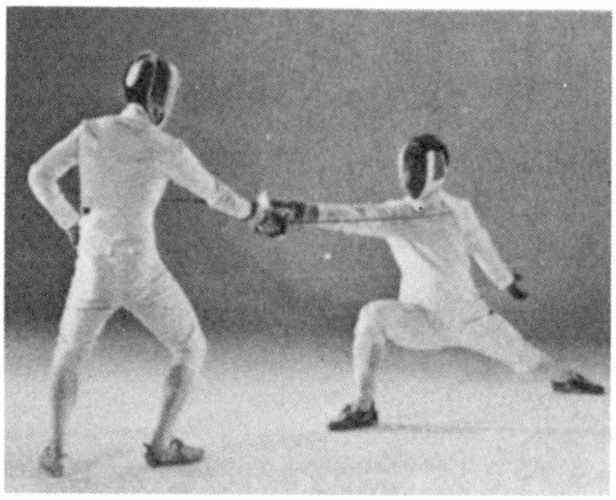

2 A

3

4

5

빠라드 · 카르트에서

리뽀스트의 연속은 빠라드 · 티에르스의 표를 참고하여 1. 2. 3 순서로 행한다. 단, 리뽀스트 1에서의 빠라드는, '빠라드 · 상쁘르'의 킨트 E를 사용하고, 2에서의 빠라드는 같은 D, 그리고 3에서는 E를 사용한다.

1

2

3

2 A

3 A

빠라드 · 킨트에서

● 빠라드 · 쁘림

상대의 공격을 빠라드 · 쁘림으로 받아(①)

1. 텍트로(②)

2. 방드롤로

텍트로 리뽀스트한 뒤의 빠라드 · 쁘림은 '빠라드 · 상쁘르'의 항에서 서술했던 G를 이용하고 방드롤 후는 같은 H를 사용한다. 리뽀스트의 연속은 후에 서술하겠다.

● 빠라드 · 스콩드에서

상대의 공격을 빠라드 · 스콩드로 받아(①)

1. 팔로(②)

2. 쿠 · 드 · 뽀앙으로

리뽀스트의 연속은 빠라드 · 쁘림과의 조합으로 행하면 쉽다.

어느 뽀지숑에서의 리뽀스트라도, 팔이 펴진 순간에 투슈하는 것에

1

2 A

3

2 B

카르트의 콘트르 · 리뽀스트

2

3

4

킨트의 카르트 · 리뽀스트

5

1

2

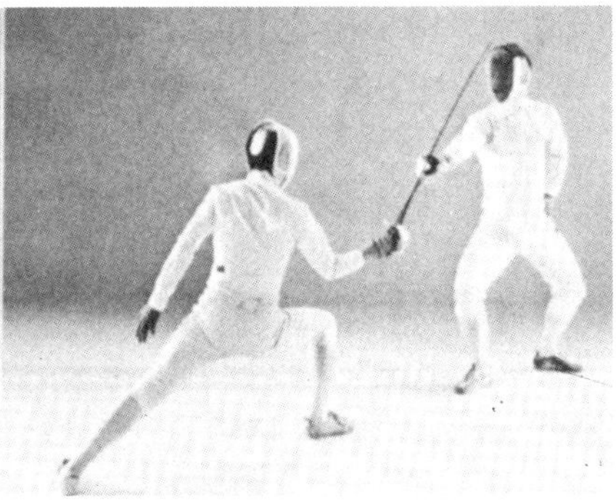

3

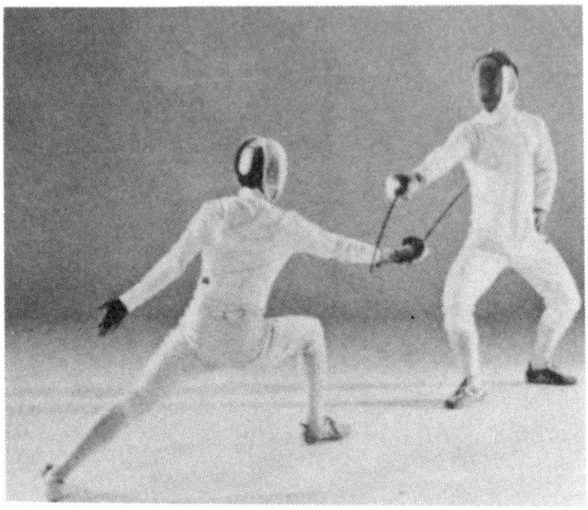

티에르스의 콘트르 · 리뽀스트

낸다.

위에 기술한 예는 상대의 리뽀스트가 한 곳 뿐인데 '빠라드·리뽀스트'의 항에서 서술한 것과 같이 상대는 하나의 빠라드·뽀지숑에서 복수의 리뉴로 리뽀스트를 내 고, 그것을 빠라드한 후, 또 방어자가 콘트르 · 리뽀스트를 더욱 콘트르 · 리뽀스트 하고, 어느 쪽인가가 투수할 때까지 계속 연습도 행한다.

Attaques Composées
어텍크 · 콩뽀제

선행하는 하나 또는 둘 이상의 펭트에 이어 행하는 공격이다.

● 텍트에서 프랑

티에르스의 앙가쥬망으로 서로 마주하고(①), 공격자(맞은편)가 상대의 텍트로 펭트(②), 상대는 빠라드 · 킨트(③), 그것을 트롱쁘망하고, 프랑으로 팡트로 투슈한다(④, ⑤).

● 유누 · 두

티에르스의 앙가쥬망으로 서로 마주하고(①), 상대(좌측)의 쁘레숑에 대하여, 안쪽(카르트의 리뉴)으로 데가쥬망에 의한 펭트와(②), 상대의 빠라드 · 카르트를 데가쥬망으로 트롱쁘망하고, 밖깥쪽 (티에르스의 리뉴)으로 팡트로 투슈한다.

1

2

3

텍트에서 프랑

4

5

1

유뉴 · 두

3

2

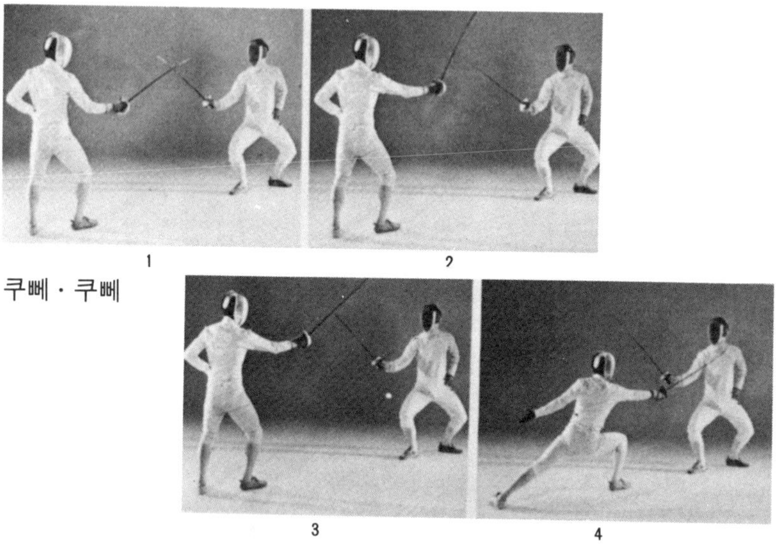

쿠뻬 · 쿠뻬

● 쿠뻬 · 쿠뻬

앙가쥬망 · 티에르스에서(①), 상대(우측)의 샹쥬망에 대하여, 쿠뻬로 밖깥쪽으로 펭트(②). 상대의 빠라드 · 티에르스를 더욱 쿠뻬로 트롱쁘망하고 안쪽으로 팡트로 투슈한다(④).

펭트의 때는 팔을 펴고, 검과의 각도가 135도를 유지한다. 피닛슈에서는 팡트의 앞발이 착지하기 직전이나 적어도 동시에 투슈하도록 명심한다.

예는 3가지인데 최초의 펭트는 쿠뻬 또는 데가쥬망으로 티에르스, 킨트, 카르트의 어느 리뉴도 낼수 있고, 트롱쁘망은 같은 쿠뻬, 데가쥬망으로 행한다. 또 펭트, 트롱쁘망에 쿠뻬 · 뽀앙을 병용하면 공격에 폭을 유지할 수 있게 된다. 어느 경우에라도 처음에는 정지한 상태에서 행하고 다음의 단계에서는 펭트 때에 전진한다. 또 피닛슈에서는 팡트에 대신하여 후렛슈도 사용한다. 2개 이상의 펭트를 사용한 공격의 경우는 펭트 하나 때보다도 훨씬 콘트르 · 어텍크를 받을 가능성이 있기 때문에 실행 중의 거리와 타이밍에는 세심한 주의를 기울일 필요가 있다. 그러나 사브르의 어텍크 · 콩뽀제에서는 플뢰레와 달리 충분히 주의해도 또 콘트르 · 어텍크를 받을 위험이 있다. 이 때문에 최종 단계에서 펭트는 하나로 해야한다. 그러나 거기에 꽂기 위한 쁘레빠라숑으로서의 펭트 등은 그 범위에 들지 않는다.

즉, 쁘레빠라숑은 어디까지나 목표에 어프로치 하기 위한 준비 동작이고,상대가 팔을 뻗기만 하면 투슈가 가능한 거리까지 들어가서는 안된다. 최종 단계에서의 펭트는 하나의 리뉴로 긴 시간을 들이지 말 것. 왜냐하면 상대에게 어텍크·오·페르, 쁘리즈·드·페르, 또는 빠라드등의 찬스를 많이 주는 일이 있기 때문이다. 즉, 최종 단계에서는 일순간 번쩍이는 듯한 펭트에서 투슈로 들어가는 것이 효과적이다.

Attaques Au Fer
어텍크·오·페르

검에 대한 공격으로 밧트망, 쁘레숑, 후로와스망의 3가지 방법이 있다. 그러나 사브르에서는 후로와스망은 거의 사용되지 않는다.

● 카르트 쪽으로의 밧트망

상대(우측)가 검을 내린 상태로 서로 마주 하고, 상대가 검을 안쪽으로 올린다. 그 순간을 포착하여 밧트망하고, 카르트쪽으로 투슈한다.

● 티에르스 쪽으로의 밧트망

상대(맞은편)가 검을 내린 상태에서 서로 마주하고(①), 상대가 검을 밖깥쪽으로 올린다(②). 그 순간을 포착하여 밧트망하고(③), 티에르스 쪽으로 팡트하여 투슈한다(④)

● 스공드의 밧트망

티에르스의 앙가쥬망(또는 압상스·드·페르)으로 서로 마주하고, 상대(외측)가 낮은 리뉴로 검을 낸다. 그것을 스공드로 밧트망하고, 밖깥쪽으로 투슈한다.

● 쁘림의 밧트망

티에르스 또는 압상스·드·페르로 서로 마주하고, 상대(우측)가 낮은 리뉴로 검을 낸다. 그것을 쁘림으로 밧트망하고 쿠빼하여 텍트로 투슈한다.

티에르스 쪽으로의 밧트망

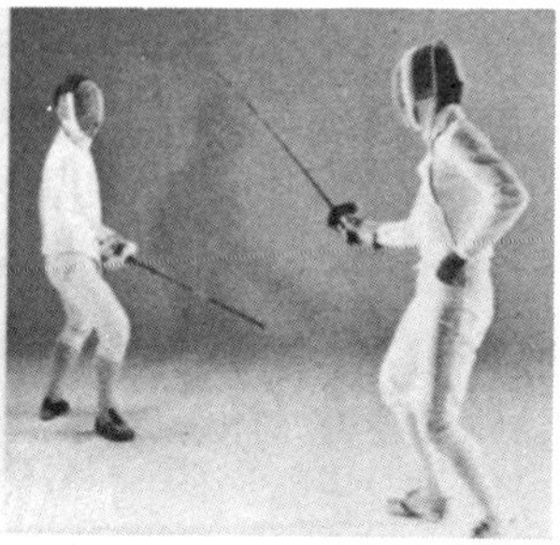

1

2

3

4

● 카르트의 쁘레숑

상대가 검을 내린 상태로 서로 마주한다. 상대가 검을 안쪽으로 올린다. 그 순간에 쁘레숑하고, 팔을 펴 투슈한다.

룰에 의해 상대 검의 훼브르와 모와이양을 치지 않으면 밧트망이라고 인정되지 않는다. 포올를 친 경우는 상대의 빠라드로 되어 버린다.

밧트망의 효과적인 방법은 상대의 검끝에서 3분의 1 장소를 자신의 검의 동일 부분으로 치는 것이다. 또 상대의 검의 어느 부분을 치는 경우도 자신의 검의 칼날을 이용한다. 밧트망, 쁘레숑 모두 플뢰레와 마찬가지로 상대의 검의 1점을 포착한 순간에 행하고, 다음의 동작으로 들어간다.

대부분 어텍크 · 오 · 페르 후, 검이 최단 거리를 지나 투슈하고 있는데, 실제로는 어텍크 · 상쁘르, 어텍크 · 콩뽀제의 항에서 서술한 방법으로 어느 리뉴로도 공격이 가능하다. 또 펭트를 선행시키고 최종 단계 직전에 어텍크 · 오 · 페르를 행하는 방법도 각종의 타이밍으로 습득하는 것이 좋다. 다른 연습 방법과 마찬가지로 익숙해지면 움직이면서도 행한다. 또 황트 대신 후렛슈로 투슈한다.

펜싱 용어집

영어 — ㊇
프랑스어 — ㊀
명령형 — ㊊
동의어 — ㊋

아베르티스망(avertissement) 시합중, 벌칙을 주기 전의 경고.

엑숀·시뮤르타네(actions simultanées) 동시 행동

아세수르(assesseur) 부심.

아소(assaut) 싸우다. 시합.

어텍크(attaque) 공격. 유효면에 검끝을 향하고 팔을 펴서, 황트 또는 후렛슈를 행하는 동작. ㊊어텍케(attaquz)

어텍크·오·훼르(attaque au fer) 검에 대한 공격.

어텍크·콩뽀제(attaque composée) 복합 공격. 2개 이상의 동작으로 되는 공격.

어텍크·상쁘르(attaque simple) 단순 공격. 단일 동작으로 행하는 공격.

어텍크·시뮤르타네(attaques simultanées) 같은 의도로 행해지는 공격.

아·탕·뻬르듀(à temps perdu) 어텍크나 리뽀스트 때에 일순, 사이를 두고, 좋은 찬스를 보는 것.

아빠레이유·일렉트리크(appareil électrique) 전기 심판기.

압상스·드·페르(absence de fer) 검의 교차를 멀리하는 것.

아펠 (appel) 황트에서 바닥을 쳐 소리내면서 재빨리 뒷발을 끌어 당겨 붙이는 것. 또는 거기에서 재공격하는 것.

아르트(halte) '중지'의 호령.

아룸무(arme) 무기. 검.

아레(arrêt) 리뉴를 닫지 않고 행하는 콘트르·어텍크.

아레(allez) '시작'의 호령.

아레·앙·롱빵(arrêt en rompant) 후퇴하면서 행하는 아레.

아레·빠르·오뽀지숑(arrêt par opposition) 리뉴를 닫으면서 행하는 콘트르·어텍크. ㉢쿠·드·탕.

앙브롭쁘망(enveloppement) 쁘리즈·드·훼르의 일종으로, 상대의 검을 싸듯이 1회전시키는 것. ㉮앙브롭뻬(enveloppez)

앙·카방(en cavant) 각도를 잡는 것. ㉢ 앙규레르

앙가쥬망(engagement) 검의 연결 8번 째 방법이다. ㉮앙가죄(engagez.)

앙·가르드(en garde) 준비해.

앙·가르드·앙·나방(en garde en avant) 황트의 후, 앞발을 축으로 하여 준비의 자세를 취하는 것.

앙·가르드·앙·나레르 (en garde en arrière) 황트 후 뒷발을 축으로 준비 자세 취하는 것.

앙규레르(angulaire) 투슈 때, 검에 각도를 잡는 것. ㉢앙·카방.

앙·말샹(en marchant) 전진하면서…… .

앙·리뉴(en ligne) 뽀앙이 유효면을 위협하고 있는 상태.

앙·롱팡(en rompant) 후퇴하면서…… .

이타리안(㉭ Italian) 이태리식. 통상 이태리식의 바가 붙은 검. 또는 이태리식의 테크닉.

빠리에테·다텍크(variété d'attaque) 어텍크의 변종.

방트르(ventre) 복부.

이스키브(esquive) 공격을 빠라드의 대신에 신체를 전위시키거나 하여 회피하는 것.

이스크림(escrime) 펜싱의 공식명.

에페(épée) 결투의 정식 무기. 또는 그것에서 스포츠화 된 검.

이리미나숑·디렉트(élimination directe) 토너멘트.

옥타브(octave) 제 8 번째의 방어 또는 포지션. 오른쪽 아래.

오뽀지숑(opposition) 쁘리즈・드・페르의 일종으로, 상대의 검을 누르고,접촉을 유지하면서 행하는 공격의 준비 동작.

카르트(guarte) 제 4번째의 방어 또는 포지션. 좌측 아래.

가르드(garde) 준비의 자세 ㊔앙・가르드(en garde).

킨트(quinte) 제 5번째의 방어 또는 포지션. 좌측 상단.

쿠베르(couvert) 준비의 자세를 취하고 있을 때, 또는 황트 할 때에, 상대의 검이 있는 곳을 커버하는 것. ㊔**쿠브레브**(couvrez - vous).

쿠・다레(coup d'arrêt) 리뉴를 닫지 않고 행하는 콘트르・어텍크 ㉯아레.

쿠・두브르(coup double) 서로 투슈하는 것. 2중 명중타.

쿠・드・쥬타쥬(coup de jetage) 뽀앙을 흔들어 꽂듯이 행하는 찌르기.

쿠・드・탕(coup de temps) 리뉴를 닫으면서 행하는 콘트르・어텍크. ㉯아레・빠르・오뽀지숑

쿠・드・뽀앙(coup de pointe) 검끝에 의한 찌르기.

쿠・드로와(coup droit) 상대의 오픈・라인으로 똑바로 공격하는 것.

쿠・드로와・앙・말샹(coup droit en marchant) 전진을 동반한 쿠・드로와.

쿠뻬(coupé) 상대의 검끝을 통과시키고 반대쪽을 공격하는 것. ㊔쿠뻬(coupez)

쿠뻬・쿠뻬(coupé - coupé) 복합 공격의 일종으로 쿠뻬에 의한 황트 후 쿠뻬하는 것.

쿠뻬・데가쥬망(coupé dégagement) 쿠뻬에 의한 황트 후 데가쥬망하는 것.

쿠레(coule) 상대의 칼에 따라 미끌어지듯이 행하는 찌르기 ㊔쿠레(coulez)

쿠로와제(croisé) 쁘리즈・드・황트의 일종으로 상대의 검을 똑바로 아래, 또는 위로 이행시키는 것. ㊔쿠로와제(croisez)

고아세르(gaucher) 왼손잡이.

코키유(coquille) 가아드. 준비의 자세와 다름이 없는 뜻의 용어.

코테(côté) 옆, 겨드랑이.

코뻬르티노(㉑ copertino) 상대의 검을 아래로 눌러 붙이는 것.

코르·아·코르(corps à corps) 신체와 신체가 접촉한 상태.

콘트르·어텍크(contre attaque) 상대의 공격 도중에 행하는 공격.

콘트르·탕(contre temps) 상대의 콘트르·어텍크에 대처하는 모든 동작.

콘트르·데가쥬망(contre dégagement) 상대의 샹쥬망에 대하여 데가쥬망하는 것. ㉾콘트르·데가죄(contre dégagez).

콘트르·트랑샹(contre tranchant) 사브르의 칼날 안쪽의 부분.

콘트르·휑트(contre feinte) 상대의 공격적 동작에 대한 휑트.

콘트르·리뽀스트(contre riposte) 리뽀스트에 대한 리뽀스트.

콩뽀제(composé) 복합의 2개 이상의 동작으로 완성되는 것.

콘바·라롯쇠(combat rapproché) 접근전.

서피네이션 (㉮ supination) 손바닥이 위로 향하는 것. 외전(外転). ㉯ 슈삐나숑(supination)

사브르(sabre) 헝가리의 기마병의 무기로써 개발된 것.

사류(salut) 인사. ㉾ 사류에(saluez).

상티몽·드·훼르(sentiment du fer) 검의 감각. 검을 통해 상대의 움직임을 알기도 하고, 검을 조작하기도 하는 감각.

상트르·리뉴·메디아누(centre ligne médiane) 중심. 중심선.

식스트(sixte) 제6번째의 방어 또는 포지션. 우측 상단.

샹쥬망(changement) 통상은 검의 연결을 변경하는 것. ㉾ 샹죄(changez).

샹쥬망·당가쥬망(changement d'éngagement) 검의 연결을 변경하는 것.

쥬리(jury) 심판.

스콩드(seconde) 제 3 번째의 방어, 또는 포지션. 우측 하단.

슈르화스·바라브르(surface valable) 유효면. 투슈가 유효시되는 부분.

슈르화스·농·바라브르(surface non valable) 무효면. 투슈해도 유효로 되지 않는 부분.

셉팀(septime) 제 7 번째의 방어 또는 포지션. 좌측 하단.

더킹(㊀ ducking) 에스키브의 일종으로 웅크리는 것.

탁크틱크(tactique) 전술. 작전.

타브르·쁘르·아빠레이유(table pour appareil) 심판기의 대.

티에르스(tierce) 제 3 번째의 방어 및 포지션.

데가쥬망(dégagement) 단순 공격으로 상대의 검의 위 또는 아래를 통과시키고 반격쪽을 공격하는 것. ㊐ 데가죄(dégagez)

텍트(tête) 두부. 머리.

데롭망(dérobement) 쁘리즈·드·훼르나 어텍크·오·훼르를 회피하는 것. ㊐ 데로베(dérobez)

데빠스망(dépassement) 상대와 몸체가 교차하는 것.

디펜스(défense) 방어.

두오르(dehors) 밖깥쪽.

듀·샤펠(deux appel) 시합중, 발로 바닥을 2 번 쳐서 중단을 요구하는 방법 및 연습시의 짧은 휴식이나 종료의 인사 전에 바닥을 2 번 치는 것.

투슈(touche) 상대의 유효면이나 무효면을 힛트하는 것.

두수(dessous) 아래. 아래 부분.

두슈(dessus) 윗. 윗부분.

두슈·두수(dessus-dessous) 상부로 훼트하고, 하부를 공격하는 것.

두당(dedans) 안쪽.
투뉴·드·라룸(tenue de l'arme) 검의 잡는 방법.
듀·휑트(deux feintes) 2가지의 휑트.
듀·호와(deux fois) 2회. 같은 동작을 2회 계속하는 것.
두브르망(doublement) 하나의 휑트 후, 상대의 빠라드·콘트르에 대하여 트롱쁘망하는 것. ㊔ 두브레(doublez)
듀·마르슈·황트(deux-marche fente) 재빨리 2보 전진하여 행하는 황트.
두미·황트(demi-fente) 보통의 황트에 대하여, 반 정도의 황트. 주로 에페에 사용된다.
트랑샹(tranchant) 사브르의 칼날 부분.
드로와(droit) 검을 가진 팔이 똑바른 상태.
트로와·호와(trois fois) 3회. 같은 동작을 3회 계속하는 것.
트롱쁘망(trompement) 상대의 빠라드를 회피하는 것. ㊔트롱뻬(trompez)
농·바라브르(non valable) 무효면. ㊐ 슈르화스·농·바라브르.
빠스(passe) 황트 대신에 뒷발을 앞쪽으로 내디디는 방법.
빠스·휑트(passe feinte) 뽀앙을 상대에게 향하지 않고 뒤로 끌어당기듯이 행하는 휑트.
빠스·아방(passe-avant) 발을 교차시켜 전진하는 것.
빠스·아레르(passe-arrière) 발을 교차시켜 후퇴하는 것.
하프·서피네이션(㊐ half supination) 손바닥의 반을 밖으로 외전. ㊇ 두미·슈뻬나숑(demi-supination).
바라쥬(barrage) 결정전.
빠라드(parade) 검으로 상대의 공격을 막는 것. ㊔ 빠레(parez)
빠라드·앙·세당(parade en cédant) 쁘리즈·드·훼르에 대한 빠라드로, 상대의 힘에 맡기어 행한다.
빠라드·콘트르(parade contre) 회전 방어. 뽀앙으로 원을 그리면서 행하는 방어. ㊐ 빠라드·시르큐레르(parade circul-

aire)
빠라드 · 상쁘르(parade simple) 단순 방어.
빠라드 · 디렉트(parade directe) 직접 방어.
빠라드 · 듀 · '탁크'(parade du 'tac') 상대의 검을 쳐서 방어하는 것.
빠라드 · 레베테(parade répètée) 상대의 빠라드에 이내 빠라드 하는 것.
빠르 · 코테(par côté) 옆에서. 겨드랑이에서.
바레스트라(㉧ bal stra) 이태리식의 후트웍으로, 샹쁘르 (봉·나방)을 동반한 황트.
방드롤(banderole) 사브르에 있어서 가슴으로 공격.
삐스트(piste) 펜싱의 시합 코트.
삐스톨 · 글립(㉧ pistol grip) 권총을 쥐듯이 손에 대듯이 고안되어진 글립으로 벨기안 · 글립도 포함한다.
황데 · 브(fendez-vous) 황트해라.
황트 또는 팡트(fente) 앞발을 내디디면서 찔러 넣는 공격의 최종 동작.
훼브르(faible) 브레드의 뽀앙에 가까운 쪽의 3분의 1.
펜싱 · 라인(㉧ Fencing line) 앞발과 뒷발을 연결하는 라인으로, 이 선상에서 상대와 대결한다.
휑트 또는 펭트(feinte) 상대의 빠라드를 시키기 위하여 유혹하는 것.
휑트 · 뿌르(feinte pure) 실제의 찌르기의 동작에 의한 휑트.
호르(fort) 브레드의 가아드에 가까운 3분의 1의 부분.
프라즈 · 달름(phrase d'armes) 검기(검술의 기술)의 교환. 검에 의한 회화.
프랑(flanc) 겨드랑이쪽 배.
쁘리오리테(priorité) 우선권. 사브르에 있어서 공격 우선권.
쁘리미에르 · 엑숀(première action) 최초의 동작.
쁘리즈 · 드 · 페르(prise de fer) 상대의 검을 잡는 동작.

쁘림(prime) 제1번 째의 방어 또는 포지션.
쁘레숑(pression) 상대의 검을 강하게 누르는 것. ㉳ 쁘레세(pressez).
쁘레지당·드·쥬리(président de jury) 주심.
후렛슈(flèche) 황트 대신에 화살같이 뛰면서 행하는 공격의 최종 동작.
쁘레빠라숑(préparation) 공격이나 방어의 준비 동작.
프렌치·글립(㉵ french grip) 프랑스식의 쥐는 법.
프로네이션 (㉵ pronation) 손바닥의 안쪽으로 돌리기. ㉯ 쁘로나숑(pronation).
후로와스망(froissement) 상대의 검끝 쪽에서 가아드 쪽으로 향하여 강하게 누르면서 미끌어지게 하는 것. ㉳ 후로와세(froissez).
휴제(fusée) 영어의 글립(grip) 또는 휠트(hilt). ㉱ 뽀와이에(poignée).
뽀앙(pointe) 검끝.
뽀앙·다레(pointe d'arrêt) 검끝에 붙은 연습용이나 전기용의 뽀앙으로, 검끝의 의미로 사용하고 있다.
뽀지숑·데스크림(position d'escrime) 가르드나 리뉴의 8개의 명칭.
뽀모(pommeau) 멈추는 탄력. ㉵ 폰멜(pommel).
봉·나방(bond en avant) 앞으로 점프하는 것.
봉·나레르(bond en arrière) 뒤로 점프하는 것.
마스크(masque) 펜싱에서 사용하는 금으로 된 정면 망.
마르슈 (marche) 전진. ㉳ 마르쇄 (marchez)

현대 펜싱교본

2021년 11월 20일 재판
2021년 11월 30일 발행

지은이 | 현대레저연구회
펴낸이 | 최 원 준

펴낸곳 | 태 을 출 판 사
서울특별시 중구 다산로 38길 59(동아빌딩내)
등 록 | 1973. 1. 10(제1-10호)

■ 주문 및 연락처
우편번호 04584
서울특별시 중구 다산로 38길 59(동아빌딩내)
전화 : (02)2237-5577 팩스 : (02)2233-6166

ISBN 978-89-493-0647-6 13690